GUIDE

Moderne Dansk Arkitektur
Modern Danish Architecture

Arkiték   Arkitektens Forlag

Guide, indhold

Forord . . . . p. 3
Det Moderne Gennembrud . . . . . p. 4
Funktionalismen . . . . p. 16
Efterkrigstidens arkitektur . . . . . . p. 22
Guide . . . . p. 38
Oversigt . . . . p. 126

Guide, content

- Preface . . . . p. 3
- The Modern Breakthrough . . . . p. 4
- Functionalism . . . . p. 16
- Contemporary Architecture . . . p. 22
- Guide . . . . p. 38
- Index . . . . p. 126

Offentlige bygninger
- **Public buildings**
1. Fåborg Museum . . . . p. 38
2. Grundtvigskirken. På Bjerget p. 40
3. Politigården i København . . . . p. 42
4. Øregaard Gymnasium . . . . p. 44
5. Kødbyen . . . . p. 45
6. Radiohuset . . . . p. 46
7. Århus Universitet . . . . p. 48
8. Nyborg Bibliotek . . . . p. 50
9. Århus Rådhus . . . . p. 51
10. Rødovre Rådhus . . . . p. 52
11. Rødovre Bibliotek . . . . p. 53
12. Louisiana . . . . p. 54
13. LO-skolen . . . . p. 56
14. Kildeskovhallen . . . . p. 57
15. Odense Universitet . . . . p. 58
16. Nordjyllands Kunstmuseum . p. 60
17. Sønderbro Kirke . . . . p. 61
18. Københavns Amtssygehus
    i Herlev . . . . p. 62
19. Danmarks Nationalbank . . . . p. 64
20. Vejlby-Risskov Amts-
    gymnasium . . . . p. 65
21. Odder Rådhus . . . . p. 66
22. Skanderborg Amts-
    gymnasium . . . . p. 67
23. Journalisthøjskolen . . . . p. 68
24. Moesgaard, museum . . . . p. 69
25. Sønderborg Slot . . . . p. 70
26. Restaurering af Koldinghus . . p. 71
27. H. C. Andersens kvarter . . . . . p. 72
28. Vor Frue Kirke . . . . p. 74
29. Bagsværd Kirke . . . . p. 75
30. Radio/TV-hus i Århus . . . . p. 76
31. Kalundborghallen . . . . p. 77
32. Ålborg Universitetscenter . . . p. 78
33. Køge Rådhus . . . . p. 80

34. Sønderborg Gymnasium . . . . . p. 81
35. Ålborg Medborgerhus . . . . . . p. 82
36. Bibliotek i Holstebro . . . . p. 83
37. Birkerød Rådhus og bibliotek p. 84
38. Stenvadskolen . . . . p. 85
39. Holstebro Kunstmuseum . . . . p. 86
40. Frederiksværk gymnasium . . . p. 87
41. Musikhuset i Århus . . . . p. 88
42. Høje Tåstrup gymnasium . . . . p. 90

Boliger ■ Housing
43. Bakkehusene ved Bellahøj . . . p. 92
44. Hornbækhus . . . . p. 93
45. Bella Vista, Bellevue Teater . p. 94
46. Blidah Park . . . . p. 96
47. Vestersøhus . . . . p. 97
48. Bispeparken . . . . p. 98
49. Atelierhusene . . . . p. 99
50. Søndergaard Park . . . . p. 100
51. Bellahøj . . . . p. 101
52. Søholm . . . . p. 102
53. Kingohusene . . . . p. 103
54. Høje Gladsaxe . . . . p. 104
55. Albertslund Syd . . . . p. 106
56. Farum Midtpunkt . . . . p. 108
57. Gellerupplanen . . . . p. 109
58. Galgebakken, Hyldespjældet p. 110
59. Gadekæret . . . . p. 111
60. Tinggården . . . . p. 112
61. Solbjerg Have . . . . p. 114

Byfornyelse ■ Urban Renewal
62. Rigensgadekvarteret,
    København . . . . p. 116
63. Bybevaring i Helsingør . . . . . . p. 118
64. Bybevaring i Ribe . . . . p. 120
65. Bybevaring i Dragør . . . . p. 122
66. Bybevaring i Svaneke . . . . p. 124

Forord

Guide til moderne dansk arkitektur giver en fortættet oversigt over de strømninger, der har præget danske arkitekters arbejder siden 1. verdenskrig. Den behandler de byggerier, der har været nyskabende, eller som er blevet stående som monumenter i dansk arkitektur. Desuden beskrives boligbyggeriets udvikling.

Guiden indledes med et kort rids af perioden, hvori blandt andet forudsætningerne for det moderne gennembrud behandles, forudsætninger der har præget danske arkitekters arbejde lige siden. At den genoplivede klassicisme omkring 1920 er medtaget skyldes blandt andet det forhold, at de idéer, som dengang beherskede arkitekterne nu er ved at få en renæssance.

Sidst i bogen bringes en oversigt over seværdige byggerier ordnet efter lokalitet, samt index.

Guiden er et redskab til forståelse af de idéer, der har behersket den danske arkitekturarena i denne periode, og en vejledning til den oplevelse, det er at møde eksempler på fremragende arkitektur.

Preface

■ This guide to modern Danish architecture summarizes the movements which have characterized the works of Danish architects since the First World War. It discusses the buildings which have proved to be innovations or monuments in Danish architecture.

In addition, the development of housing is described.

The guide first briefly sketches the period as well as the background for the modern breakthrough which has influenced Danish architecture ever since. The revival of classicism about 1920 is included because many of its leading concepts are once more current.

Finally, there is a list of notable buildings, arranged geographically.

This guide will hopefully provide insight into the ideas which have shaped modern Danish architecture and enhance the experience of viewing outstanding examples of architecture.

Appendiks til forord

Hvert byggeri angives med titel, opførelsesår, adresse, arkitekt samt publicering.
Arkitektens Månedshæfte angives: Arkitekten M.
Arkitektens Ugehæfte: Arkitekten U.

■ Each building is listed with its title, date of erection, address, architect, and published description.
»Arkitektens Månedshæfte«: Arkitekten M;
»Arkitektens Ugehæfte«: Arkitekten U.

Det moderne gennembrud

I årene efter 1900 var forvirringen blandt arkitekturens ismer om muligt større end idag. Den eneste nyskabelse var Art Nouveau, som i Danmark dog accepteredes mere i kunstindustri og dekoration end i arkitekturen. Men ingen var uberørt. De bløde linier genfindes i mange bygninger og i måden at tegne og tekste på. Det var individualismens tid. Enhver søgte sit personlige udtryk, bygherre som arkitekt, nation som by. Det var en opbrudstid både kunstnerisk og politisk. I 1901 havde Danmark et systemskifte, det liberale Venstre kom til magten og vi fik et folkestyre af gavn og navn.

  Art Nouveau

Erkendelsen af, at de historiske stilarter ikke lod sig genoplive, gjorde det nødvendigt at søge ny udtryksformer. Det gamle symbolsprog havde mistet sit indhold. Den fri historicisme blev mere og mere pittoresk og kulminerede i Martin Nyrops Rådhus i København og Hack Kampmanns og Vilhelm Dahlerups bygninger for Carlsberg Bryggerierne i perioden 1892-1906. Individualismens brogede facader ødelagde helhedsbilledet, den ene kulisse bekæmpede den anden, mente en ny generation arkitekter.

  Fri historicisme

Den fælles søgen efter en national stil, som føltes så nødvendig efter de slesvigske krige, 1864, fik nu sin

  Nationalisme

The modern breakthrough

T.v. Københavns Rådhus opført efter tegninger af arkitekten Martin Nyrop, 1892-1905. T.h. Elefantporten. Indgangsparti til Carlsberg Bryggerier i København. Tegnet af arkitekten Vilhelm Dahlerup, 1900-1901.
■ *Left. Copenhagen Town Hall, built after drawings by Martin Nyrop, 1892-1905. Right. The Elephant Gate. Entrance to Carlsberg Breweries in Copenhagen. Designed by Vilhelm Dahlerup in 1900-1901.*

Art Nouveau

Free Historicism

Just after 1900, the confusion of architectural »isms« was, if possible, even greater than today. The only new movement was Art Nouveau, which in Denmark was accepted more widely in the applied and decorative arts than in architecture. But its influence was felt everywhere. The soft lines are apparent in many buildings and in drawings and graphic works. This was a period of individualism. Personal expression was the goal of the client as well as the architect, of a nation as well as a city. It was a period of both artistic and political changes. In 1901 the liberal agrarian party came to power, and with it a representative government in word and deed came into being.

Recognition of the impossibility of reviving historical styles stimulated the search for new forms of expression. The old symbols had lost their meaning. Free historicism grew more and more picturesque, culminating in Martin Nyrop's Town Hall in Copenhagen and in Hack Kampmann's and Vilhelm Dahlerup's buildings for the Carlsberg Breweries, erected from 1892-1906. The new generation of architects felt that the diversified facades of individualism ruined the overall picture, with one stage setting fighting another.

Det moderne gennembrud

P. V. Jensen Klint's konkurrenceforslag til en kirke i Århus, Tveje Års Kirke i 1913. Forslaget kan opfattes som en forstudie til Jensen Klint's hovedværk, Grundtvigskirken. Den danske landsbykirke, var arkitektens ideal.

■ P. V. Jensen Klint's proposal for Tveje Års Church, Århus, in 1913, prefigures his main work, the Grundtvig Church, which was a monumental version of the Danish village church.

mest kraftfulde forkæmper i P. V. Jensen-Klint, som til dette formål fandt den reneste kilde – en urkraft – i den danske middelalderarkitektur. Det fælles grundlag skulle være tilegnelsen af den bygningskultur, som hørte fædrelandet til. På dette grundlag skulle de tekniske skoler arbejde, og videre derfra skulle arkitekter, som ønskede en akademisk uddannelse, tilegne sig grundlaget for hele vor civilisations bygningskunst gennem studiet af de ypperste værker i de historiske stilarter. Arkitekten var og er endnu idag den øverste i håndværkerhierarkiet. At opmåle ældre dansk arkitektur og ved selvsyn lære konstruktion og materialer at kende var den gode begyndelse. I Grundtvigs fædreland skulle man også for den fælles udviklings skyld undgå for store forandringer. At føle en kulturel kontinuitet var nødvendigt, for at alle skulle kunne deltage. Danskerne skulle kende deres huse, som fuglene deres reder. De ny former, som måtte komme, skulle dog ikke være kopier, men udtryksfulde nyskabelser, hvor traditionen var genkendelig. Jensen-Klints foredrag fra 1901-1911 blev udgivet under navnet Bygmesterskolen, 1911. Grundtvigskirken (2) i København er hans visualiserede programerklæring: En folkets katedral, symbolet på den fælles ideologi, bygmester og håndværker har arbejdet sammen for det fælles mål. Kirken er omgivet af boliger i menneskelige mål, og kirke såvel som boliger har rødder i den fælles bygningskultur.

I 1909 dannedes Den frie Arkitektforening med Jensen-Klint som den centrale figur. Men hvilken »isme« man end bekendte sig til – alle var de engageret i at forbedre den almindelige arkitektur. Alle kategorier

Den frie Arkitektforening

The modern breakthrough

National Romanticism

The general search for a national style, which seemed so necessary after the Schleswig wars in 1864, now found its foremost champion in P. V. Jensen Klint, who considered the primitive force of Danish medieval architecture to constitute the purest source. The common foundation for architecture was to be knowledge of the building heritage of the fatherland. This knowledge was to form the basis of the work of the technical schools and inspire architects who desired an academic education to learn about the architecture of our civilization as a whole through study of the most outstanding works in the various historical styles. The architect was then – as today – at the top of the hierarchy of craftsmen. To measure up older Danish architecture and learn about construction and materials by personal experience was the best starting point. In the fatherland of Grundtvig, it was advisable, for the common good, to avoid drastic changes. The feeling of cultural continuity was necessary to ensure the participation of all. Danes were to be as familiar with their houses as birds with their nests. The new forms which would inevitably develop were not to be copies, but expressive new creations in which tradition was still evident. The lectures which Jensen Klint held from 1901-1911 were published in 1911 under the title »School for Builders«. The Grundtvig Church (2) in Copenhagen is the realization of Jensen Klint's manifesto: a cathedral for the people, a symbol of the common ideology, a mutual goal of both the master builder and the craftsman. The church is surrounded by dwellings of human dimensions, and both the church and the dwellings are rooted in the common architectural culture.

The Free Architects' Association

In 1909 the Free Architects' Association was founded, with Jensen Klint as its leading figure. Despite the variety of »isms« professed, all members were engaged in improving ordinary architecture. No type of building was considered unworthy for a trained architect. In 1908 Martin Nyrop and Hack Kampmann formed the »Danish class« at the school of architecture in which Danish architecture was taught. That same year witnessed the formation of the Architects' Association Design Assistance (from 1916 called the Association for Better Building Practices), intended to furnish amateur builders and craftsmen with professional drawings. This association arranged lectures, exhibitions, and courses and published an annual report. At the National Exhibition in Aarhus in 1909, an entire model

Det moderne gennembrud

huse var nu værdige opgaver for en akademisk arkitekt. I 1908 oprettede Martin Nyrop og Hack Kampmann på arkitektskolen »den danske klasse«, hvor der blev undervist i dansk bygningskultur. Samme år dannedes Arkitektforeningens Tegnehjælp (fra 1916 Landsforeningen for Bedre Byggeskik), som skulle bistå selvbyggere og håndværkere med professionelle tegninger. Foreningen arrangerede foredrag, udstillinger og kurser samt udgav en årlig publikation. I 1909 blev på Landsudstillingen i Århus opført en hel mønster-»stationsby«, som skulle vise hvor naturligt det var at benytte den traditionsbundne bygningskultur til moderne krav. At det var svært at forbedre smagen vidste man. Jensen-Klint skrev: »Det er ofte forsøgt gennem konkurrencer at frembringe gode hustyper for småkårsfolk, ligesom man har haft konkurrencer om husmandsmøbler, udfra den rene idealisme. Men jeg frygter det vil gå med de præmierede husmandshuse som med møblerne. De sidste finder man hos unge kunstnerpar og man vil ad åre finde de samme malere og deres venner i de præmierede husmandshuse.«

Da brygger Carl Jacobsen ville sætte spir på Vor Frue Kirke, opført af C. F. Hansen 1810-1826, måtte man tage stilling til Hansens nyklassicistiske arkitektur. En udstilling af hans tegninger i 1911 fik en så stor virkning, at alle præmierede projekter i en konkurrence året efter var klassicistiske. Carl Petersen, som havde ført an i kampen mod spiret, opførte Fåborg Museum 1912-15, for en gruppe malere fra Fyn. Inspiration fik han fra C. F. Hansens arkitektur og fra M. G. Bindesbølls Thorvaldsens Museum fra 1839-47, værker der nu atter stod som de ypperste i dansk arkitektur.

Forskellige forudsætninger fik de unge til at gribe tilbage til klassicismen. Nogle ville fortsætte der, hvor den naturlige stiludvikling holdt op, andre følte trang til en forenkling og rationalisering af formsproget. Atter andre, de politisk engagerede, ville med klassicismen skabe en demokratisering af arkitekturen. For dem åbnede klassicismen vejen til en funktionalistisk tænkemåde og en ny moral for det klasseløse samfund, som måtte komme. Klassicismen var ikke længere udtryk for den totalitære enevælde, men blev nu brugt i betydningen lighed for alle – demokrati visualiseret i arkitekturen, og arkitekten blev socialt bevidst. Individualisme blev lig med egoisme, og den fri historicisme tilhørte det borgerlige samfunds fallitbo i ruinerne efter første verdenskrig. Ved den skandinaviske boligkongres i

Fra Stationsbyen i Landsudstillingen, Århus 1909, Akademisk Architektforening lod med Anton Rosen m.fl. som ledende kraft opføre en mønsterby, en stationsby, der skulle tjene som forbillede for kommende stationsbybygning.

■ *From the model »railway town« built by the Association of Academic Architects led by Anton Rosen, at the National Exhibition in Århus in 1909.*

Fig. I

Fig. II

Fra Foreningen Bedre Byggeskiks årsberetning 1919. »Om projektering«. Øverst et godt proportioneret hus, nederst et dårligt.

■ *Proportion rules taught by »Better Building Practices«. Above: a good example, below: a bad example.*

Boligspørgsmålet

The modern breakthrough

»railway town« was erected to prove how naturally traditional building could be adapted to modern ideas. The difficulty of improving taste was evident. Jensen Klint wrote: »Competitions have often been held to develop good house types for people of modest means, similar to the competitions held for smallholder's furniture, for purely idealistic reasons. But I fear that the prize-winning smallholders' houses will meet the same fate as the furniture. This furniture is found in the homes of young artists, and in years to come the same painters and their friends will be found living in the prize-winning smallholders' houses.«

Neo Classicism

When the brewer Carl Jacobsen wished to add a spire to the Church of Our Lady, erected by C. F. Hansen in 1810-1826, Hansen's neo-classical architecture was re-evaluated. In 1911 an exhibition of his drawings exerted such a strong influence that all the prize-winning projects in a competition the next year were in the classical style. Carl Petersen, a leader of the struggle against the spire, built Faaborg Museum (1) in 1912-15 for a group of painters on Funen. His inspiration was derived from C. F. Hansen's architecture and from M. G. Bindesbøll's Thorvaldsen Museum, built 1838-47. These buildings were now again considered the finest in Danish architecture.

Housing

Young architects reverted to classicism for a number of reasons. Some wished to carry on from the break in the natural stylistic development, whilst others felt the need of simplifying and rationalizing the formal idioms. Those with political engagement wished to make architecture more democratic through classicism. For them,

Det moderne gennembrud

K.A.B.'s (Københavns Almindelige Boligselskab) studieby, 1920. Det var hensigten med denne bebyggelse at afprøve forskellige bebyggelsesformer.
■ This experimental town, built in 1920 by KAB included various housing types, single-family houses, row houses, etc.

København 1917 talte man for et socialt betonet, veludformet boligbyggeri for at imødegå den store boligmangel. Myndighederne skulle have adgang til at kontrollere og styre udviklingen, men først boligtilsynsloven af 1938 skabte grundlag for en sådan kontrol. For at forhindre spekulation stiftedes Dansk Haveboligforening 1912 og derefter fulgte de almennyttige boligselskaber f.eks. KAB, grundlagt 1920, som gjorde det muligt for mindrebemidlede at få en anstændig lejlighed. KAB opførte Bakkehusene (43) ved Bellahøj i København og introducerede dermed en ny boligform, rækkehuset. Studiebyen ved Rygårds Allé i København fra 1921 var et helt katalog af forskellige hustyper og nye konstruktioner, med en finansieringsform, som skulle forhindre spekulation. De meget enkle og beskedne huse var renset for honet ambition. De var udtryk for, sagde man, konstruktiv demokratisk realisme. De store boligkomplekser som Struenseegade af Povl Baumann 1920, Hornbækhus af Kay Fisker 1923 (44) og Ved Classens Have af Carl Petersen og Baumann 1924 er opført i den ny, progressive klassicisme.

Puritanismen har gode betingelser i det protestantiske Danmark, og kravet om mådehold berøver alle stilarter deres ekstravagance. I stedet prioriteres det gode håndværk og de ægte, men enkle materialer. Denne holdning har ikke forandret sig. Det begyndte som en reaktion mod C. F. Hansens gips og puds. Den nøgne mur og den synlige konstruktion var mere ærlig. Ethvert materiale skulle behandles efter sin natur. G. F. Hetsch (1788-1864) og J. D. Herholdt (1818-1902) var pionerer på dette område, og P. V. Jensen Klint gjorde det til et specifikt dansk fænomen. Endnu idag er færdiggørelsen af detaljen og den velberegnede brug af materialer og farver et kvalitetsmærke for dansk arkitektur og kunsthåndværk. Mådehold er stadig en dyd.

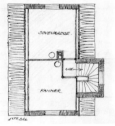

En af 14 hustyper i boligbebyggelsen Grøndalsvænge (1914−20).
■ One of 14 types of houses in the housing development Grøndalsvænge (1914−20).

Materialebevidsthed

The modern breakthrough

Storkarrébebyggelsen i Struenseegade opført 1919 af arkitekten Povl Baumann blev det første nyklassicistiske boligbyggeri i Danmark.

■ *The large apartment block on Struenseegade, built in 1919 by Povl Baumann, was the first neo-classic housing in Denmark. Predominated in the 1920s and early 1930s.*

classicism could lead to a functionalist mode of thought and a new moral for the classless society which would inevitably develop. Classicism, no longer the symbol of the absolute monarchy, could now signify equality for all – democracy manifest in architecture and the architect as a socially conscious member of society. Individualism was equated with egoism and free historicism with the bankruptcy of bourgeouis society in the ruins of the First World War. In 1917, at the Scandinavian congress on housing, held in Copenhagen, an appeal was made for the building of socially-oriented, well designed dwellings to meet the tremendous demand for housing. Authorities were to be empowered to control and guide this process. However, this degree of control was not instituted until the housing inspection law of 1938. To prevent speculation, the Danish Garden House Association was founded in 1912, followed by the non-profit building societies such as KAB (Copenhagen General Housing Society), founded in 1920, which made it possible for people of modest means to obtain a decent flat. KAB built Bakkehusene (43) in Bellahøj in Copenhagen, thereby introducing a new form of housing, the row house. Studiebyen on Rygaards Allé in Copenhagen, from 1921, included many types of houses and new constructions and was based upon a financing form intended to prevent speculation. These very simple and unpretentious houses were said to express constructive democratic realism. Large housing complexes such as Struenseegade by Povl Baumann in 1920, Hornbækhus (44) by Kay Fisker in 1923, and Ved Classens Have by Carl Petersen and Baumann from 1924, are manifestations of the new progressive classicism.

Material integrity

Denmark is a puritan country in which the demand for restraint strips all styles of their extravagance. Fine

Det moderne gennembrud

Den genoplivede klassicisme hentede inspiration især fra to arkitekter, M. G. Bindesbøll (1800-1856) samt C. F. Hansen (1756-1845).
■ *The revival of classicism sought inspiration from M. G. Bindesbøll (1800-1856) and C. F. Hansen (1756-1845).*

The modern breakthrough

1. *Thorvaldsens Museum, 1839-48. M. G. Bindesbøll.*
2. *Fåborg Museum, 1912. Carl Petersen.*
3. *Plan af gulvmosaik, floor mosaic, Fåborg Museum.*
4. *Vor Frue Kirke, church, 1811-29. C. F. Hansen.*
5. *Københavns Politigård. 1920-24. Hack og H. J. Kampmann, Aage Rafn m.fl.*
6. *Arrestbygningen ved Københavns Domhus, law-courts in Copenhagen. 1805-15. C. F. Hansen.*

Det moderne gennembrud

Klassicisterne i det 20. århundrede adskilte sig fra C. F. Hansen ved at bruge stærke farver og ved at være materialebevidste. Overfladebehandlingen skulle fremkalde den optimale stoflige virkning både taktilt og visuelt. Det var Bindesbølls polykrome Thorvaldsens Museum og Thorvaldsens skulptur, de lærte af. Brugen af de klassiske former fra såvel antik som barok følger de love som det ønskede udtryk forlangte. De var ekspressionister ligesom Jensen-Klint. Dynamisk barok eller statisk klassicisme bruges i en og samme bygning for at drive kontrasten op mellem form og rum, lys og skygge. Fåborg Museum (1) var et pionerarbejde og Hack Kampmanns Politihovedkvarter (3) i København 1918-24 og Holger Jacobsens Statsradiofoni 1924-31 fulgte denne linie. Klassicismen var dog trods alt endnu en genoplivet stilart og kampen mod den akademiske formalisme blev en realitet i slutningen af 20-erne.

Funktionalismen

Den internationale funktionalisme fra Bauhaus blev opfattet som en ny fremmedartet stil af dem, som fortsat ønskede kontinuitet i dansk bygningskultur. Det sociale program havde man i forvejen i det, som nu kunne formuleres som Klint-skolens funktionelle tradition. Den hvide stil for den ny verdensborger blev i Danmark den progressive overklasses kendetegn. Den blev også den moderne stil i fritidsarkitekturen, for bilismens servicestationer og i det effektive erhvervsliv. »Den hvide by« ved Øresund – Bellevue i Klampenborg opført 1931-37 af Arne Jacobsen, er et monument over den internationale funktionalisme i Danmark. Her skulle tusinder af københavnere bade, se teater, spise og danse. Den tiltagende trafik på den nyanlagte firsporede motorgade – det moderne livs pulsåre – kvalte meget hurtigt det hvide paradis. Som stil blev den snart umoderne, men som tænkemåde – metode – fandt den moderne bevægelse udviklingsmuligheder i den funktionelle tradition med eller uden nationale nostalgiske tendenser. Århus Universitet viste veje for en fri planlægning. Uden bindende symmetri lagde man de prismatiske blokke organisk rigtigt i landskabet. De forskudte boligblokke på række i Ivar Bentsens Blidah Park 1932-34 i København var fortid. Sammen med lys, luft og fysisk sundhed prioriterede man nu også landskabelig skønhed. Alle skulle bo udenfor byen, hvor alle indtryk af bygade var udslettet, i parkbebyggelsen. Modernismens arkitektur skabte bedre boliger men også tilsyneladende uløselige transportproblemer.

Lisbet Balslev Jørgensen

The modern breakthrough

»Stærekassen«, Det kgl.
Teaters Ny Scene.
Oprindelig Statsradiofoni.
Opført 1924−31 af
arkitekt Holger Jacobsen.
■ State Broadcasting House,
built 1924−31 by
Holger Jacobsen.
Today it is stage for
The Royal Danish Theatre.

craftsmanship and simple genuine materials are more highly valued. This prevailing attitude began as a reaction against the plaster and stucco of C. F. Hansen. The plain brick wall and the visible construction were considered more honest. Each material was to be treated according to its inherent nature. G. F. Hetsch (1788-1864) and J. D. Herholdt (1818-1902) were pioneers of this ethic, and P. V. Jensen Klint made it a specifically Danish phenomenon. To this day, careful attention to the smallest detail and the judicious use of materials and colours are the hallmarks of Danish architecture and applied arts. Restrait is still a virtue.

The classicists in the 20th century distinguished themselves from C. F. Hansen in their use of strong colours and their consciousness of materials. Surface treatments strove for the maximum tactile and visual effects. The polychromatic Thorvaldsen Museum designed by Bindesbøll and Thorvaldsen's sculptures provided sources of inspiration. Classical forms from antiquity and the Baroque period follow the laws dictated by the expression desired. Like Jensen Klint, they were expressionists, combining dynamic Baroque and static classical forms in a building to accentuate the contrast between form and space, light and shadow. Faaborg Museum (1) was a pioneering work; Hack Kampmann's Police Headquarters (2) in Copenhagen, built 1918-24, and Holger Jacobsen's State Broadcasting House, built 1924-31, followed these lines.

However, classicism was but another stylistic revival, and the struggle against academic formalism became a reality at the end of the 1920s. **Lisbet Balslev Jørgensen**

Funktionalismen

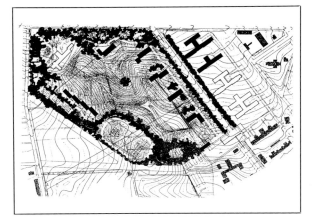

*T.v. 2. konkurrenceforslag til Århus Universitet, 1931. Husene er placeret frit, tilpasset terrænet.
T.h. Isometri af Fysisk-Kemisk Institut ved Århus Universitet.*

Den internationale modernisme, eller funktionalismen, som begrebet kaldes i de nordiske lande, øvede en betydelig indflydelse i Danmark i 30'rne, men i meget modererede former. Det var relativt få arkitekter, der i starten repræsenterede denne ny idé om byer og bygningers udformning. Blandt dem var arkitekterne Kay Fisker, C. F. Møller og Povl Stegmann, der i 1928 besøgte den store, Bauhaus-dominerede byggeudstilling i Berlin. De så også Hannes Meyer's Bundesschule i Bernau fra 1926. Disse arbejder repræsenterede et brud med den nyklassicistiske formalisme. Friheden til at forme i overensstemmelse med opgavens egenart, bygningernes funktioner og byggegrundens specielle topografi, var det, der begejstrede danske arkitekter.

De tre nævnte arkitekter vandt en konkurrence om et nyt universitet i Århus. (7) Byggegrunden var stærkt kuperet. Terrænets særpræg kunne bevares i en universitetspark, hvis bygningerne blev tilpasset terrænet i et frit arrangement af de enkelte bygningsblokke. Bebyggelsesplanen for første etape af dette universitet, viser et tydeligt slægtskab med Hannes Meyer's Bundesschule. Universitetet har været under stadig udbygning til i dag.

Århus Universitet

De enkelte bygningers udformning var i konkurrenceprojektet tydeligt beslægtet med Bauhaus-stilen, den knappe, kubistiske bygningsform med vinduerne arrangeret som sammenhængende bånd. Det endelige projekt, der blev realiseret, var en modificeret udgave. Husene blev ikke opført af beton, men af gult murværk og med gule tegltage. Men formerne var stadig knappe, blandt andet havde tagene ikke udhæng. Vinduerne

Functionalism

■ *Left. Second competition proposal for Århus University, 1931. The houses are placed freely, adapted to the terrain.*
Right. Isometric projection of the Physical Chemistry Institut, Århus University.

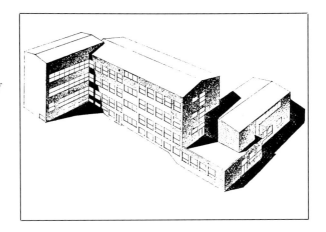

University in Århus

International modernism, called functionalism in the Nordic countries, made a considerable impact in Denmark in the 1930s, but in a very modified form. The architects representing this new movement were at first relatively few. Among them were Kay Fisker, C. F. Møller, and Povl Stegmann, who in 1928 visited the large Bauhaus-dominated architecture exhibition in Berlin. They also saw Hannes Meyer's Bundesschule in Bernau from 1926. These works represented a break with neo-classical formalism. The freedom to design in accordance with the nature of the project, the functions of the buildings, and the specific topography of the site won the approval of Danish architects.

The three architects mentioned above won a competition for a new university in Aarhus (7). The hilly landscape was to be preserved in a campus consisting of freely scattered blocks. The building plan for the first stage of this university is clearly related to Hannes Meyer's Bundesschule. Aarhus University has been under continual construction up to the present.

The competition proposal includes Bauhaus features such as an austere cubist design with windows placed in continuous bands. The project which was finally realized was a modified version, with buildings not of concrete but of yellow brick with yellow tile roofs. But the forms were still austere and the roofs, for example, lack overhangs. Although the windows are not continuous bands, they are completely different from the small-paned windows of neo-classicism.

Another Bauhaus manifestation, the exhibition and building Weissenhofsiedlung in Stuttgart in 1927, influ-

Funktionalismen

blev ikke sammenhængende bånd, men dog vinduer i en helt anden udformning end de nyklassicistiske, smårudede vinduer.

En anden Bauhaus manifestation, udstillingen og bebyggelsen Weissenhofsiedlung i Stuttgart i 1927, fik ikke mindst betydning for de to arkitekter Mogens Lassen og Arne Jacobsen. Mogens Lassen byggede enfamiliehuse, der var stærkt inspirerede af Le Corbusiers arkitektur. Enkelte arbejder er næsten kopier, men efterhånden arbejdede Mogens Lassen sig frem til en meget original version af dette arkitekturideal, blandt andet i nogle enfamiliehuse i Gentofte kommune.

Arne Jacobsens boligbebyggelse Bella Vista (45) i Klampenborg fra 1933 er som Århus Universitet et godt eksempel på den frigørelse, som den internationale modernisme betød for danske arkitekter, der i 20'rne var bundet til nyklassicismen. Bella Vista er etageboliger i lave bygningsblokke, der er således forskudt indbyrdes, at der fra alle boliger er udsigt over Øresund. Alle boliger er godt orienterede i forhold til solen og har store altaner.

I samme område i Klampenborg udformede Arne Jacobsen en restaurant og et sommerteater, et ridehus og en række mindre bygningsanlæg for Bellevue Strandbad. Hele området er vel bevaret og er et af de fineste eksempler på den internationale modernismes tilpasning til danske forhold.

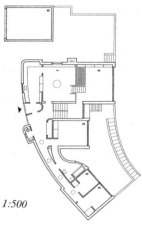

1:500

Enfamiliehuse

18

Functionalism

Single-family houses

enced the two architects Mogens Lassen and Arne Jacobsen. The former built single-family houses strongly inspired by the works of Le Corbusier. In fact, some of the houses are nearly copies, but in time Mogens Lassen came to produce a very original version of this architectural ideal, for example in several single-family houses in the municipality of Gentofte, north of Copenhagen.

Like Aarhus University, Arne Jacobsen's housing development from 1933, Bella Vista (45) in Klampenborg, is a good example of the way international modernism liberated Danish architects who in the 1920s had been fettered by neo-classicism. Bella Vista consists of multi-storey dwellings in low blocks, placed so as to afford all buildings a view of the Sound. All the dwellings are oriented to the sun and have large balconies. In the same area in Klampenborg, Arne Jacobsen designed a restaurant and a summer theatre, a riding school and a number of smaller buildings for Bellevue

T.v. Sølystvej nr. 5, opført 1938 af arkitekt Mogens Lassen. Lassen var stærkt inspireret af Le Corbusier, men udviklede allerede tidligt i 30'rne sin egen fortolkning af funktionalismen.

T.h. Stellings Hus på Gammel Torv i København, opført 1937 af Arne Jacobsen.

■ *Left. 5, Sølystvej built in 1938 by Mogens Lassen. After initial inspiration from Le Corbusier, he developed early in the 1930s his own version of functionalism.*

Right. Stelling's House on Gammel Torv in Copenhagen built in 1937 by Arne Jacobsen.

Funktionalismen

Arne Jacobsen's forretningsbebyggelse fra 1937 ved Gammel Torv i København, regnes i dag for et af de bedste eksempler på en moderne bygnings indpasning i et gammelt bygningsmiljø.

Arne Jacobsen og Erik Møller tegnede i 1939 rådhuset til Århus kommune (9), og Arne Jacobsen og Flemming Lassen tegnede i 1940 rådhuset til Søllerød kommune nord for København. Begge arbejder er eksempler på den nordiske modernisme, som især den svenske arkitekt Gunnar Asplund stod for.

Blandt modernisterne var Vilhelm Lauritzen den, der fik nogle af de mindst traditionsbundne byggeopgaver i slutningen af 30'rne. Hans lufthavnsbygning i Kastrup fra 1936 var udformet helt uden traditionelle forbilleder. Bygningen er nedrevet og efter krigen erstattet af et større og mere omfattende bygningsanlæg. Gladsaxe Rådhus fra 1937 og Radiohuset i København (6) fra slutningen af 30'rne er enkelt formede, funktionalistiske, men kraftfulde i deres proportionering og materialevalg. Den omhu, hvormed hele detaljeringen er gennemført, er bemærkelsesværdig.

Den 2. verdenskrig og den tyske besættelse af landet betød et midlertidigt stop for den internationale modernismes udbredelse i Danmark.

ca. 1:1400

Functionalism

1-2. Kastrup Lufthavn, opført 1939 efter tegninger af arkitekten Vilhelm Lauritzen. Bygningen var resultat af en konkurrence fra 1936, og er ikke uden inspiration fra den finske arkitekt Alvar Aalto. Bygningen er nu nedrevet.

3. Søllerød Rådhus, opført 1940–42 af arkitekterne Arne Jacobsen og Flemming Lassen. Det er en eksklusiv fortolkning af modernismen, fjernt fra den internationale funktionalismes radikalisme.

■ *1-2. Kastrup Airport, (1939) by Vilhelm Lauritzen is partly inspired by the finnish architect Alvar Aalto. The building has since been torn down.*

3. Søllerød Town Hall, built in 1940–42 by Arne Jacobsen and Flemming Lassen. This is an exclusive modernism, remote from the radicalism of international functionalism.

Beach. This area is well preserved and is one of the finest examples of the adaption of international modernism to Danish conditions.

Arne Jacobsen's office buildings from 1937 at Gammel Torv in Copenhagen are today considered among the best examples of the fitting of a modern building into an old architectural setting.

In 1939 Arne Jacobsen and Erik Møller designed the town hall of the municipality of Århus (9), and in 1940 Arne Jacobsen and Flemming Lassen designed the town hall of the municipality of Søllerød, north of Copenhagen. Both of these works exemplify Nordic modernism, which was championed particularly by the Swedish architect Gunnar Asplund.

Among the modernists, Vilhelm Lauritzen was commissioned to design some of the least traditional building projects at the end of the 1930s. His airport building in Kastrup from 1936 was not based upon traditional models. The building was later torn down and, after the war, replaced by a larger and more extensive complex. Gladsaxe Town Hall from 1937 and the broadcasting building (6) from the end of the 1930s are simple in design and functionalistic, but with powerful proportions and materials.

The Second World War and the German occupation of Denmark brought the spread of international modernism to a temporary halt in Denmark.

Efterkrigsårene

Under 2. verdenskrig var Danmark afskåret fra omverdenen. Mangelen på importerede byggematerialer og på impulser udefra gav den traditionelle byggeskik en ny chance. Materialeknapheden holdt sig et stykke tid efter krigen, og byggeriet kom kun langsomt i gang, selv om der var et stort, udækket boligbehov.

De sociale boligselskaber og også familier med lave indkomster kunne få statsstøtte til bygningen af boliger. Kravet var, at der skulle bygges indenfor meget snævre, økonomiske grænser. Ikke desto mindre blev der bygget socialt udlejningsbyggeri af en arkitektonisk og miljømæssig kvalitet, der er attraktivt den dag i dag. Søndergaard Park (50) i Gladsaxe nord for København fra 1950, tegnet af arkitekterne Hoff & Windinge, er et eksempel herpå. Inspireret af de engelske havebyideer udgør bebyggelsen en byenhed med en stor fælles grønning, med butikstorv og børneinstitutioner. En række lignende bebyggelser fra disse år i Københavns omegn og i de større provinsbyer illustrerer forskellige arkitektoniske løsninger, også de første forsøg på arkitektonisk fornyelse.

Mangel på faglærte bygningsarbejdere og den stærkt stigende efterspørgsel efter boliger nødvendiggjorde udviklingen af såkaldt utraditionelle byggemetoder. Det i 1947 oprettede boligministerium tilskyndede boligselskaberne til at udvikle byggemetoder med anvendelsen af præfabrikerede bygningsdele, der kunne monteres af ufaglært arbejdskraft. Et pionerarbejde er rækkehusbebyggelsen i Engstrømsallé i Hvidovre fra 1954 tegnet af Eske Kristensen. Husene er opført af præfabrikerede betonkomponenter, og husenes ydre udformning var ikke længere præget af danske byggetraditioner.

Også det lidt dyrere, håndværksmæssigt fremstillede rækkehusbyggeri bevægede sig efterhånden bort fra traditionelle bygningsformer. Et fremragende eksempel på denne tendens til arkitektonisk nydannelse er rækkehusbebyggelsen Søholm (52) i Klampenborg, tegnet af Arne Jacobsen og bygget i årene 1950-55.

Et par af de mest bemærkelsesværdige rækkehusbebyggelser fra årene efter 2. verdenskrig er tegnet af Jørn Utzon. Det er Kingohusene (53) nær Helsingør fra 1958 og Terrasserne i Fredensborg fra 1963. Begge bebyggelser er formet som helheder, der er tilpasset lokaliteten. Det er vinkelhuse bygget med anvendelsen af traditionelle materialer og byggemetoder. Begge bebyggelser er udformet over et dengang helt nyt, strukturalistisk

Fra boligselskabet DAB's stand på udstillingen i Kvinde og Hjem, Forum i København, 1952.

Contemporary architecture

Kollektivhuset Høje Søborg, opført af arkitekterne Hoff & Windinge. Boligerne er små, mange beregnet på enlige mødre. Kollektivhuset rummer mange servicetilbud, en lille restaurant, hjælp til rengøring, indkøb og muligheder for børnepasning.
■ *From the stand of the non-profit housing association DAB at an exhibition in Copenhagen in 1952.*
Right: The block of service flats, Høje Søborg, built by Hoff & Windinge. Many of the small flats are for single mothers. Services include a little restaurant, cleaning help, shopping, and child-care facilities.

The garden city

New building methods

During World War II, Denmark was isolated from the rest of the world. The lack of imported building materials and foreign influences revived older building traditions. The scarcity of materials continued for some time after the war, and building was slow to develop despite the serious housing shortage.

Non-profit building societies and low-income families could obtain government support for housing. Although narrow economic limits were established for new constructions, some of the public rental housing built possessed architectural and environmental qualities admirable even today. One example is Søndergaard Park in Gladsaxe, north of Copenhagen, designed by Hoff & Windinge and built in 1950. Inspired by English garden towns, this complex constitutes a town unit with a large common park, a shopping centre, and institutions for children. Other complexes near Copenhagen and in large provincial towns evince similar plans and budding attempts at architectural renewal.

The lack of skilled construction workers and the rapidly growing demand for housing necessitated the use of untraditional building methods. The Ministry of Housing, established in 1947, encouraged building

Efterkrigsårene

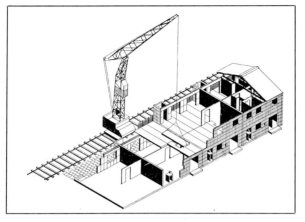

Rækkehusene på Engstrøms Allé i Hvidovre, tegnet 1953 af arkitekten Svenn Eske Kristensen, var det første forsøg på et delvist industrialiseret montagebyggeri i Danmark.

■ The row houses on Engstrøms Allé in Hvidovre, designed in 1953 by Svenn Eske Kristensen, were the first attempt at partially industrialized building in Denmark.

princip. Vinkelhusene er udformet, så de kan sammenbygges, men med mulighed for forskydninger både horisontalt og vertikalt. Derved kan de tilpasses terrænet fuldkomment. Bebyggelsen i Fredensborg er knyttet til et fælleshus med mødelokaler og restaurant.

Den teknologiske og industrielle udvikling i forbindelse med en stærk økonomisk vækst skabte mulighed for en serieproduktion af boliger. Det almennyttige, statssubsidierede udlejningsbyggeri, blev planlagt i store enheder. Betonkomponentindustrien og montageteknikken blev i 60'erne udviklet til højeste internationale standard. Karakteristiske eksempler på komponentbyggeri i denne periode er Albertslund Syd (55), vest for København, en stor bydel af fortrinsvis lavt/tæt byggeri. Ved anvendelsen af praktisk taget samme teknik opførtes Høje Gladsaxe (54) nordvest for København. Disse bebyggelser er ret uniforme i det arkitektoniske udtryk, betinget af kravet om den yderste forenkling af byggekomponenterne med henblik på masseproduktion.

Teknikken blev imidlertid stadig mere raffineret med muligheder for større variationer i produktionen af de enkelte elementer og med tilsvarende udvikling af montageteknikken. Gellerupplanen (57) i Århus fra 1970-76, tegnet af Knud Black-Petersen & Co., varierer bygningsformerne blandt andet med terrasserede etagehusblokke med et stort uderum til hver bolig.

Denne udvikling kulminerer med et par store bebyggelser sydvest for København. Boligområdet Brøndby Strand (1969) rummer en stor variation af boligtyper. I den ydre udformning er der en variationsrigdom, som

Komponent byggeri

Contemporary architecture

Row houses

Industrialised building

associations to use prefabricated elements which could be assembled by unskilled labourers. A pioneering work in this regard was the row house development on Engstrømsallé in Hvidovre, designed in 1954 by Eske Kristensen. These houses, made of prefabricated concrete components, display an exterior design no longer influenced by Danish building traditions.

The slightly more expensive row houses built with craftsmanlike methods also gradually tended towards innovation, an excellent example being the complex Søholm (52) in Klampenborg, designed by Arne Jacobsen and built 1950-55.

A couple of the most remarkable row house developments after World War II were designed by Jørn Utzon. Kingohusene (53) near Elsinore from 1958 and Terrasserne in Fredensborg from 1963. Each is adapted to its site. The L-shaped houses use traditional materials and construction techniques. Both complexes are based upon what was then a new structuralistic principle. The houses may be built together and varied horizontally and vertically, thus adapting them perfectly to the terrain. The Fredensborg complex has a community house with meeting rooms and a little restaurant.

Technological development coupled with economic growth allowed for mass production of housing. Nonprofit state-subsidized rental housing was planned in large units. In the 1960s the concrete component industry and assembly technique attained the highest international standards. Typical examples of component building are found at Albertslund (55), west of Copenhagen, a large neighbourhood consisting mainly of dense low buildings. A similar technique was employed at Høje Gladsaxe (54), northwest of Copenhagen. These complexes are quite uniform in expression, as mass production required the utmost simplicity of building components.

Mass production could be further refined by greater variation in the individual elements and a corresponding improvement of assembly techniques. Gellerupplanen (57) in Aarhus, designed by Knud Black-Petersen & Co. and built 1970-76, diversifies the architectural forms with terraced multi-storey blocks, providing each dwelling with a large outdoor space.

The culmination of this technique is seen some major complexes southwest of Copenhagen. Brøndby Strand (1969) offers a wide variety of dwelling types. The exterior design is diversified to a degree once thought

Efterkrigsårene

Brøndby Strand tegnet af arkitekt Svend Høgsbro. Montagebyggeri med stor facadevariation. Cirka 3000 lejligheder.
■ Brøndby Strand, designed by Svend Høgsbro. Industrialized building with diversified facade. About 3000 flats.

man ikke tidligere troede mulig ved anvendelse af industrielt fremstillede komponenter.

Sideløbende med denne udvikling indenfor det almennyttige byggeri udvikledes det private enfamiliehusbyggeri. I form af typehuse udgjorde det i 1973 mere end to trediedele af det samlede boligbyggeri. Til fremstillingen af typehusene, der i almindelighed blev produceret i relativt små serier, anvendtes i stor udstrækning præfabrikerede bygningskomponenter.

Typehuse

Den økonomiske vækst gav sig også udtryk i det, man har kaldt uddannelseseksplosionen. Der var et stærkt stigende behov for nye skoler på alle niveauer.

Uddannelsesbyggeri

En del af dette byggeri blev udformet efter afholdelse af arkitektkonkurrencer, et udtryk for, at i hvert fald nogle offentlige bygherrer var åbne for nye idéer. På det pædagogiske område var der megen udvikling i gang, og det påvirkede selvfølgelig programmerne for undervisningsbyggeriet.

Uglegårdsskolen, tegnet af arkitekterne Halldor Gunnløgsson og Jørn Nielsen er et karakteristisk eksempel på den nye skoleform med åbne rumforløb.

Et af de første eksempler på en gymnasieskoletype, der skulle blive meget udbredt, er Køge Gymnasium (1965), tegnet af Salli Besiakov og Nils Andersen. Lokaler med fælles formål er samlet i et centralt område, der derved får en særlig social funktion i skolen. Opholdsrum, kantine, bibliotek m.m. udformes som et torveanlæg. Dette princip blev af arkitekterne Knud Friis og Elmar Moltke udnyttet i en række gymnasieskoler. I deres Vejlby-Risskov Gymnasium (20) fra 1969 har det form af overdækkede gader og torve.

Contemporary architecture

Arkitekt Jørn Utzons typehus Espansiva (1969) er baseret på et komponentsystem med stor variationsmulighed.
- *Jørn Utzon's standard house Espansiva (1969) is based on a highly flexible component system.*

Det blev imidlertid typehuse af tvivlsom kvalitet, der beherskede husmarkedet. Over en tiårig periode blev der hvert år opført cirka 250 kilometer parcelhusveje, uhyre arealkrævende og trøstesløse kvarterer.
- *However, low-quality standard houses came to dominate the market. For one decade, about 250 km of roads were built annually in vast, dreary residential areas.*

Standard houses

Educational building.

unachievable with the use of industrially produced components.

Parallel with the rise of non-profit building, there was a growth of private single-family house building. In 1973, standard houses constituted over two-thirds of the total housing construction. These standard houses, usually built in small series, employed prefabricated building elements to a great degree.

The economic boom also led to the »education explosion.« The need for schools on all levels grew rapidly. Some of these schools resulted from architectural competitions, an indication that at least some public clients were open to new ideas. Sweeping changes in the education sector naturally influenced conceptions of educational buildings.

Uglegaardsskolen, designed by Halldor Gunnløgsson

Efterkrigsårene

Tegnestuen A5's gymnasium i Sønderborg (34) forstærkede dette motiv ved at gøre det centrale rum til en overdækket »bygade«, der giver adgang til skolens forskellige funktioner.

Danmark havde før 2. verdenskrig to universiteter, det ældste i København og et relativt nyt i Århus. Sidstnævnte var planlagt som et campusuniversitet med fritliggende bygninger i en park. Efter krigen grundlagdes universiteter i Odense, Roskilde og Ålborg. Om alle tre universiteter blev der udskrevet konkurrencer. Som grundlag for arkitektkonkurrencerne var udformet programmer, der byggede på tankerne om universitetscentre, der var åbne for forandringer og vækst. Denne strukturalistiske tankegang kom til at præge ikke mindst det forslag til Odense Universitet (15), som fik 1. præmie. Det var udarbejdet af Knud Holscher og arkitektfirmaet Krohn & Hartvig Rasmussen. De første etaper af dette universitet er opført.

Ålborg Universitet, tegnet af Dall & Lindhardtsen, er også under udbygning ud fra et strukturelt princip, men strukturen er ikke så sammenhængende som i Odense. Der er tale om en kombination af typiserede bygninger. Af speciel arkitektonisk interesse er centralbygningen med den store studenterkantine, bibliotek m.m.

Universiteter

Strukturalisme

1:1500

Køge Gymnasium er et fagklassegymnasium uden hjemklasser. Eleverne er på vandring fra klasse til klasse, henvist i fritiden til fællesarealerne, der af samme årsag har fået en særlig arkitektonisk behandling. Gymnasiet er opført 1964, tegnet af arkitekterne Nils Andersen og Salli Besiakov.
■ *In Køge Grammer School, the student go from class to class, spending their recesses in the well-planned common areas. the school, built in 1964, was designed by Nils Andersen and Salli Besiakov.*

Contemporary architecture

Endrupskolen i Fredensborg opført 1978. Arkitekt: Peter L. Stephensen.
■ *Endrupskolen, primary school in Fredensborg. Built 1978 by the architect Peter L. Stephensen.*

and Jørn Nielsen, is a typical example of the new kind of »open plan« school.

An early example of a grammar school type which was to become widespread was designed by Sally Besiakow and Nils Andersen and built in Køge in 1965. Here the common rooms are grouped around a central area, which fulfills a special social function in the school. The lounge, canteen, library, and related rooms are designed to create a sort of square. This principle was employed by the architects Knud Friis and Elmar Moltke in a number of grammar schools. Their Vejlby-Risskov Grammar School (20) from 1969 is designed with covered streets and squares.

The grammar school in Sønderborg built by Tegnestuen A5 emphasized this idea by making the central space a covered »town street« with access to the various functions.

Universities

Before World War II, there were two universities in Denmark, the old one in Copenhagen and a relatively new one in Aarhus. This latter consists of detached buildings spread throughout a park. After the war, universities were founded in Odense, Roskilde, and Aalborg. The competitions for these institutions called for centres flexible enough to allow for change and expansion. This structuralistic thinking influenced the winning project for Odense University (15), designed by Knud Holscher and the firm Krohn & Hartvig Rasmussen. The first phases of this university have been completed.

Structuralism

Aalborg University (32), designed by Dall and Lindhardtsen, is also being expanded according to a structu-

Efterkrigsårene

Den økonomiske vækst, den teknologiske udvikling og de stadig ændrede vilkår for erhvervsudøvelse skabte grundlag for en omfattende voksenundervisning, efteruddannelse af folk i alle professioner. Der er i årene efter 2. verdenskrig opført et stort antal kursusejendomme, ofte beliggende langt uden for byerne i smukke naturomgivelser. Arkitekterne Friis & Moltke har bygget flere sådanne kursusejendomme i Jylland, blandt andet Entreprenørskolen i Ebeltoft og Scanticon i Århus.

Højskolen i Gammel Hellebæk (13) ved Helsingør for fagforeningernes landsorganisation LO er bygget over en lang periode fra 1967 til i dag. Lave hvidmalede bygninger danner gader, stræder og pladser omkring det centrale undervisningsområde. Her er tilstræbt en skønhed og mildhed, der harmonerer med den nordsjællandske natur, men arkitekturformerne kan næppe kaldes typisk danske. Ikke desto mindre opfattes de af de tusinder af kursusdeltagere, der årligt besøger dette sted, som noget meget dansk.

Mange kulturelle aktiviteter er knyttet til undervisningsbyggeriet. Både folkeskoler, gymnasier og universiteter har ofte et stort mødelokale, undertiden udformet med en scene, der kan anvendes til teater og koncerter. Disse mødelokaler og i mange tilfælde også de mindre undervisningslokaler er udenfor undervisningstiden til rådighed for den omboende befolkning. Lokale foreninger og klubber gør flittigt brug af disse lokaler. Men selvfølgelig kan de ikke dække hele det kulturelle behov, og der er da også i efterkrigsårene bygget et stort antal biblioteker med faciliteter for

Entreprenørskolen i Ebeltoft er en kursusejendom. Tegnet af arkitekterne Friis & Moltke, 1967–68.
■ *The Contractors' School in Ebeltoft was designed by Friis & Moltke, 1967–68.*

Kursusejendomme

Contemporary architecture

Silkeborg Kunstmuseum, tegnet af arkitekt Niels Truelsen, 1982.
■ *The Asger Jorn Collection and Art Museum in Silkeborg designed by Niels Truelsen, 1982.*

Conference centres

Museums

ralistic principle, though a less consistent one than at Odense. Here there is a combination of standarized buildings. Most interesting is the main building with its large student canteen and library.

Economic growth, technological development, and constantly changing trade activities have promoted further education in all fields of endeavor. After World War II, many conference centres have been built, often in beautiful rural settings. The architects Friis & Moltke have erected many such centres in Jutland, including the Contractors' School in Ebeltoft and Scanticon in Aarhus.

The folk high school in Gammel Hellebæk (13) near Elsinore, built by the Danish Trade Union Federation (LO), was built in 1967, with later additions. Low white buildings form streets, paths, and squares around the central teaching area. The gentle beauty here harmonizes with the natural surroundings.

Educational buildings also house many cultural activities. Primary schools, grammar schools, and universities often include a large meeting room, sometimes with a stage for theatres and concerts. Here and in smaller classrooms, local clubs and associations may meet outside school hours. But of course schools alone cannot answer cultural needs. Thus the many libraries built in the post-war years include facilities for meetings as well as for the lending of pictorial works of art and records. Among the museums, the best known is Louisiana (12) in Nothern Zealand, beautifully situated and designed accordingly by the architects Bo and Wohlert. Louisiana has both a permanent collection, recently moved

Efterkrigsårene

mødevirksomhed og udlån af billedkunst og grammofonplader. Desuden er der bygget enkelte museer, bedst kendt er Louisiana (12) i Nordsjælland, smukt beliggende og udformet med størst mulig hensyntagen til denne beliggenhed af arkitekterne Bo og Wohlert. Louisiana har både en permanent samling, som netop er blevet placeret i et nyt bygningsanlæg, og en omfattende udstillingsvirksomhed.

Et kunstmuseum med en næsten tilsvarende funktion er bygget i Nordjylland (16), i Ålborg. Det er tegnet af arkitekterne Elissa og Alvar Aalto og Jean-Jacques Baruël. Så forskellige de to kunstmuseer er, er de dog begge udtryk for den form for modernisme, der frigjorde sig fra Bauhaus-funktionalismen og som tilstræbte en friere formulering, betinget af det indre rumforløb.

Den internationale modernisme, der havde sit udspring i Bauhaus-skolen, var immigreret til USA og der videreudviklet af Mies van der Rohe og Walther Gropius til udtryksformer, som var tilpasset industrialiseringen. I Danmark var det især Arne Jacobsen, der videreførte denne arkitekturopfattelse, blandt andet i udformningen af det lille rådhus (1955), biblioteket (1969) i Rødovre kommune vest for København og i projektet til Royal Hotel (1959), placeret centralt i København. I begge tilfælde valgte Arne Jacobsen amerikanske forbilleder, men videreudviklede og raffinerede denne arkitektur, så det blev karakteristiske Arne Jacobsen værker. Rødovre Rådhus er inspireret af Saarinens bygninger for General Motor's laboratorier i Detroit, og Royal Hotel har sit forbillede i Skidmore, Owings og Merrills Leverhouse i New York.

Mange små kommuner blev i 70'erne slået sammen til færre store. Det skabte behov for nye kommunale administrationsbygninger, altså rådhuse, men sjældent ud fra ambitioner om at skabe noget imponerende. Mange af disse mindre administrationsbygninger er udformede med et arkitektonisk talent, der gør dem til en lille by's seværdighed. Sådan er det med det af Friis & Moltke tegnede rådhus i Odder (21) syd for Århus.

Væksten i økonomien betød også, at sundhedsvæsenet og den sociale forsorg fik bedre vilkår. Over hele landet er opført nye hospitaler. Hospitalerne i Herlev (18) og Hvidovre, begge i hovedstadsområdet, illustrerer to forskellige principper for hospitalsfunktionernes organisering. I Herlev er sengeafdelingerne placeret i et højhus, i Hvidovre i lave bygninger. Herlev har på grund af sin gode arkitektoniske kvalitet kombineret

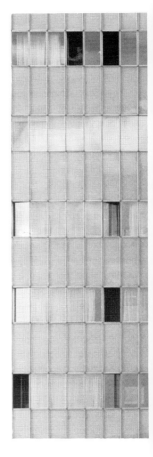

Denne side: Facadeusnit fra Royal Hotel, tegnet af arkitekt Arne Jacobsen i 1960.

■ *This page: Facade detail from the Royal Hotel, designed by Arne Jacobsen in 1960.*

Contemporary architecture

Omsorgscentret Møllegården i Gladsaxe, opført 1977 af arkitekterne Ejlers & Graversen.
■ *The nursing home Møllegården in Gladsaxe, erected 1977, architects Ejlers & Graversen.*

Public building

into a new complex, and a lively exhibition activity of foreign and domestic art.

A similar art museum (16) has been built in Aalborg, Northern Jutland. This structure was designed by the Finnish architects Elissa and Alvar Aalto and the Danish architect, Jean-Jacques Baruël. Despite differences, both museums represent the type of modernism which liberated itself from Bauhaus functionalism in seeking a freer formulation corresponding to the interior spatial sequence.

The international modernism which originated at the Bauhaus had immigrated to the United States, where Mies van der Rohe and Walther Gropius adapted it to industrialization. In Denmark this architectural conception was supported mainly by Arne Jacobsen, in the design of such structures as the little town hall (1955) and library (1969) in the municipality of Rødovre (10, 11), west of Copenhagen, and in the Royal Hotel (1959) in the heart of Copenhagen. In both cases Arne Jacobsen modified and refined American models to produce original works. Rødovre Town Hall is inspired by Saarinen's buildings for General Motor's laboratories in Detroit, and the Royal Hotel by Skidmore, Owings and Merrill's Lever House in New York.

In the 1970s, the merging of many small municipalities created the need for new administrative buildings. Although rarely intended to impress, these buildings were often so skilfully designed that they are the pride of a little town. The town hall of Odder (21), south of Aarhus, designed by Friis & Moltke, is an example of this.

Efterkrigsårene

1. Hvidovre Hospital opført 1968–75. Arkitekter: Krohn & Hartvig Rasmussen.
2. Gjesing Nord ved Esbjerg (1978–79) er eksempel på en brugerstyret, almennyttig boligbebyggelse.
■ 1. Hvidovre Hospital, built 1968–75. Architects: Krohn & Hartvig Rasmussen.
2. Gjesing Nord at Esbjerg (1978–79) is non-profit housing where the residents have participated in the planning from the start.

med et avanceret hospitalssystem vakt størst opmærksomhed.

Indenfor den sociale forsorg har der især været et omfattende byggeri for pensionister. I stigende grad er dette byggeri blevet organiseret i små enheder, der både rummer boliger for ældre ægtepar, der kun har lidt hjælp behov, og plejeboliger. Som regel er der til en sådan bebyggelse knyttet et center med kollektiv restaurant og lokaler for forskellige former for terapi.

Møllegaarden i Gladsaxe kommune nord for København, tegnet af arkitekterne Ejlers og Graversen, er formet som en lille, selvstændig bydel med lave huse, en boligform, som gamle mennesker er fortrolig med.

Det økonomiske tilbageslag efter den såkaldte energikrise i 1973 betød en reduktion af byggeaktiviteten på alle områder. Det almennyttige byggeris omfang er dog blevet opretholdt med støtte fra staten, hvorimod det private typehusbyggeri faldt til mindre end en trediedel af produktionen i de bedste år.

Byggekrise

Der var samtidig udviklet en stærkere bevidsthed i befolkningen omkring miljøproblemer af alle salgs. De store, uniforme etagehusbebyggelser var især udsat for kritik. Resultatet af såvel den økonomiske som af den sociologiske udvikling er blevet en stigende interesse for boligbyggeri i små enheder, tæt/lave bebyggelser, ofte med den gamle landsby som forbillede for byens organisation med fælles lokaler m.m.

Miljøkrav

I slutningen af 70'erne blev en række boligbebyggelser af denne art realiseret i Hovedstadsområdet og i de større provinsbyers opland. Tinggården (60) 40 km syd for København er det mest karakteristiske eksempel på

Forsøg

Contemporary architecture

2

Hospitals

Economic growth also benefited public health and social services. Among the new hospitals, those in Herlev and Hvidovre, both near Copenhagen, illustrate two different principles. At Herlev (18), the wards are placed in a high-rise building, at Hvidovre in low buildings. Herlev has attracted more attention due to its combination of fine design and an advanced hospital system.

In the social services sector, there has been much building for pensionists. Increasingly, this housing is divided into small entities containing dwellings both for older couples needing little help and for elderly requiring nursing care. Such complexes generally include a community restaurant and therapy rooms. Møllegaarden in Gladsaxe, north of Copenhagen, designed by the architects Ejlers and Graversen, is a small independent neighbourhood with low houses, a residential form in which the elderly feel at ease.

Economic recession

The economic recession after the so-called energy crisis in 1973 reduced all building activities. Non-profit building has maintained its level with government support, but the building of private standard houses declined to less than a third of the rate in peak years.

Environmental criticism

At the same time, public consciousness of environmental problems was growing. Criticism was directed mainly at the large uniform multi-storey buildings. These economic and sociological factors have led to an increasing interest in small entities, dense low buildings, inspired by the old-time village, with community facilities.

Experiments

At the end of the 1970s a number of such residential

Efterkrigsårene

denne udvikling. Bebyggelsen er opført af et almennyttigt boligselskab, tegnet af Tegnestuen Vandkunsten.

Bygningernes udformning i disse tæt/lave bebyggelser er i almindelighed bevidste bestræbelser på at komme bort fra det industrialiserede byggeris uniforme udtryk, også selv om der i stor udstrækning anvendes præfabrikerede komponenter. Det er ikke alene boligbyggeriet, der præges af bestræbelser på at gøre arkitekturen mere billedrig og samtidig knytte den til forestillingerne om ældre tiders arkitektur. Skoler, biblioteker, rådhusene i købstæderne og andet institutionsbyggeri udformes nu ofte ved anvendelsen af præindustrielle arkitekturformer.

I løbet af 60'erne og 70'erne skete en meget omfattende omdannelse af de oprindelige bykerner i gamle danske byer. Det var ofte erhvervsinteresser, der stod bag disse forandringer, der var stærkt indgribende i byernes oprindelige karakter. Også en hårdhændet løsning af de trafikale problemer, hyppigt med gadegennembrud, motorgader m.v., var medvirkende til en opløsning af de tidligere bymidter.

Reaktionen herimod var mangeartet, protestbevægelser, fredningsinitiativer og senere en ændret holdning hos politikere og planlæggere. I dag gennemføres kun sjældent totalsaneringer, i stedet anvendes bevarende sanering med modernisering af den nedslidte bygningsmasse.

Bevaring og rehabilitering af kulturhistorisk og arkitektonisk værdifulde bygninger og bydele er i 80'erne blevet et hovedanliggende i dansk planlægning.

Byfornyelse

Skriver

Boligbebyggelsen Sjølund, Hellebæk (1978).
Arkitekter: Bente og Boje Lundgaard.
Modstående: Gadebillede, Sæby i Nordjylland.
■ *Housing development Sjølund, Hellebæk in Zealand.*
Architects:
Bente and Boje Lundgaard.
Opposite: From Sæby in North Jutland.

Contemporary architecture

developments were built near Copenhagen and large provincial towns. Tinggaarden (60), 40 km south of Copenhagen, a typical example, was designed by Tegnestuen Vandkunsten and built by a nonprofit housing association.

These dense low complexes are conscious attempts to avoid the uniformity of industrialized building while still using many prefabricated components. Housing is not the only field in which attempts are being made to create buildings which are pictorially richer and evoke the architecture of the past. Schools, libraries, town halls, and other institutions are now often designed with pre-industrial architectural forms.

Urban renewal

During the 1960s and 1970s many of the once-homogeneous centres of old Danish towns underwent changes as a result of business interests and new roads built to solve traffic problems.

In reaction came protests, preservation attempts, and new attitudes on the part of politicians and planners. Today, instead of total clearance, preservation combined with modernization of dilapidated sections is practiced.

The main goal of planning in Denmark in the 1980's is the preservation and rehabilitation of buildings and areas of cultural-historical and architectural value.

Skriver

1. Fåborg Museum

1:600

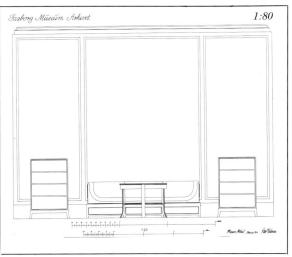

1:80

Det lille museum i Fåborg er indledningen til en kortvarig genoplivning af nyklassicismen i Danmark. Det blev en programerklæring i fysisk form for den unge generation af arkitekter, der gjorde op med historicismens overlæssede bygninger. Det var den rene arkitekturs elementer, man søgte. Forholdet lys/skygge, flade/profilering, legeme/rum o.s.v. Museet er bl.a. karakteriseret ved et kontrapunktisk rumforløb, og en omhu for stoflige virkninger.

Museum in Fåborg

Fåborg Museum.
1912-15.
Museum in Fåborg.
Location: Sundstræde,
Fåborg.
Architect: Carl Petersen.
Publication: Architekten
1919, p.1.

■ The little museum in Faaborg introduced a brief revival of neo-classicism to Denmark. This building became a tangible manifesto for the young architects who rejected the ornate buildings of historicism. The elements of pure architecture were sought: light and shadow, surface and profiling, volume and space. The museum displays a contrapuntal spatial sequence and a careful treatment of textural effects.

2. Grundtvigskirken. På Bjerget

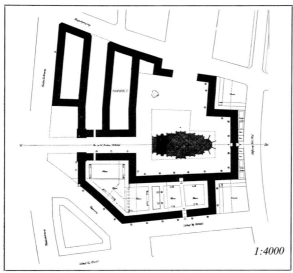

1:4000

Grundtvigskirken,
På Bjerget.
1930-40.
Church and housing estate.
Location: Bispebjerg, København.
Architects: P. V. Jensen Klint and Kaare Klint.
Publication: Arkitekten M. 1931, p.6. Arkitektur 1963/2.

Church and housing estate

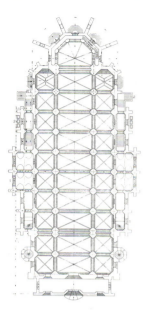

1:1000

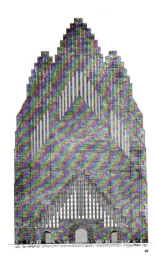

Grundtvigskirken sammenfatter en række tendenser og strømninger i tiden omkring 1920. Den kan ses som en fortsættelse af nationalromantikken, men illustrerer også forkærligheden for de rene materialevirkninger.

Arbejdet med kirken pågik i 27 år, fra 1913-40, først ledet af P. V. Jensen Klint og siden af hans søn Kaare Klint. Alt er opført i murværk, gult, og hver sten er slebet og tilpasset inden opmuring.

Et firefløjet boligkompleks omgiver kirken, og gentager i portalerne kirkens facademotiv.

■ The Grundtvig Church combines various tendencies current about 1920. It is a continuation of national romanticism but also emphasizes pure material effects.

The church was under construction from 1913-40, supervised first by P. V. Jensen Klint and then by his son Kaare Klint. Everything is of yellow brick, and each brick has been cut and sanded before construction.

A four-wing dwelling complex surrounds the church; its portals repeat the facade motif of the church.

3. Politigården i København

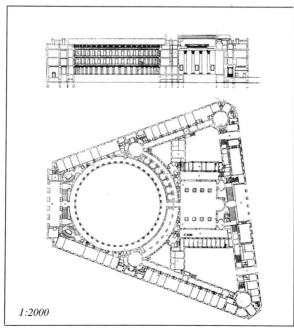

1:2000

Police Headquarters, Copenhagen

*Politigården i København.
1918-24.
Police Headquarters in
Copenhagen.
Location: Otto Mønsteds
Gade/Polititorvet.
Architects: Hack Kampmann, Aage Rafn,
H. J. Kampmann and Holger
Jacobsen.
Sculpture: E. Utzon-Frank.
Publication: Architekten
1919, p.277. Arch. 1924,
p.69.*

Allerede i midten af 20'erne klingede nyklassicismen i Danmark ud. Hovedværket og slutstenen blev Københavns Politigård. I denne bygning gennemspilles nyklassicismens register, drives til det yderste. Det kontrapunktiske princip, de stærke kontraster anvendes i såvel hovedform som detalje. Rektanglet kontra cirklen, profileringen kontra den glatte flade.

I det ydre er huset formelt, knapt i formsproget, i de indre gårde artistisk, næsten teatralsk. Facaden mod gaden er pudset grå – mod gårdene er materialet lys sandsten.

Ved indvielsen i 1924 blev bygningen kritiseret for en næsten overmenneskelig formalisme.

■ By the mid-1920s, neo-classicism was dying out in Denmark. Its major and final work was the Copenhagen Police Headquarters, which displays the entire range of this style. The contrapuntal principles, the strong contrasts, are repeated in the main form and the detailing. Rectangles contrast to circles, profiles to smooth surfaces.

The exterior is formal, but the interior courts are almost theatrical. The street facade is rendered grey; the court facade is of light-coloured sandstone.

4. Øregaard Gymnasium

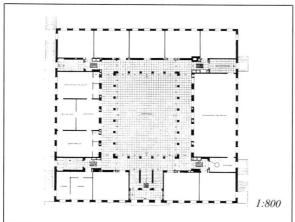

1:800

Øregaard Gymnasium repræsenterer en overgangsform mellem nyklassicismen og modernismen. Arkitekterne var influerede af Carl Petersen, men også af arkitekten Auguste Perret. Interessant er det centrale rum, den glasoverdækkede aula, hvorfra der i kolonnaderne er adgang til samtlige rum i skolen.

■ Øregaard Grammar School is a transition between neo-classicism and modernism, influenced by Carl Petersen as well as Auguste Perret. One interesting feature is the central room, the glass-covered hall with colonnades giving access to every room in the school.

Øregaard Gymnasium.
1924.
Grammar school.
Location: Gersonsvej 32, Gentofte, København.
Architects: Edvard Thomsen and G. B. Hagen.
Publication: Arkitekten M. 1925, p.45.

5. Kødbyen

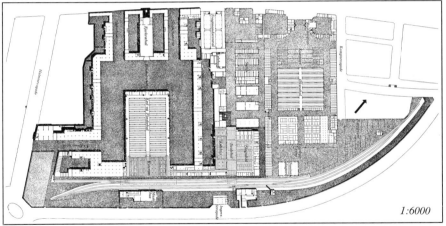

1:6000

Kødbyen.
1931-34.
Copenhagen meat market.
Location: Halmtorvet,
København.
Architects: Copenhagen's City
Architect Poul Holsøe, Tage
Rue and Curt Bie.
Publication: Arkitekten 1935,
p.1.

Den hvide stil, funktionalismen som den overleveredes fra Bauhaus skolen, vandt ikke stor genklang i Danmark. Men i enkelte projekter kom den til udfoldelse. Tydeligt i bygningerne til Københavns kødmarked, Kødbyen. Det er et kommunalt byggeri, tegnet af Københavns stadsarkitekt og assisteret af unge talentfulde medarbejdere.

■ The »white style« of Bauhaus functionalism was not widespread in Denmark, but it did appear in Kødbyen, Copenhagen's meat market. This municipal complex was designed by the city architect.

6. Radiohuset, Rosenørns Alle, København

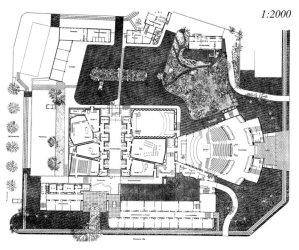

1:2000

Radiohuset i København blev opført i perioden 1937-45, her med en eksklusiv fortolkning af funktionalismens formidealer. De enkelte bygningselementer er udformet efter deres funktion, den store koncertsal for eksempel markeres i en selvstændig bygning, og rummets form kan aflæses i det ydre. Modsat er kontorfacaderne udformet med sammenhængende vinduesbånd.

■ The broadcasting building in Copenhagen, erected 1937-45, was an exclusive interpretation of functionalism. The building elements are adapted to their function. The exterior of the large separate concert hall expresses the form of the interior space. In contrast, the office facades have continuous window bands.

Radiohuset, Rosenørns Allé, København.
1934-45.
Broadcasting building and concert hall.
Location: Rosenørns Allé 22, København V.
Architect: Vilhelm Lauritzen.
Publication: Arkitekten M. 10-11, 1945. Jubilæumsh. 1898-1948.

Broadcasting building

7. Århus Universitet

Århus Universitet repræsenterer den særlige danske fortolkning af funktionalismen, som senere blev kaldt »den funktionelle tradition«. Det er en arkitektur, som kombinerer den internationale modernismes idealer med gamle danske traditioner.

De første bygninger fra begyndelsen af 30'erne blandt andet Fysisk Kemisk Institut har klare, kubistiske former, medens de senere bygninger, som blev opført efter krigen, er rigere artikuleret.

Men under hele den lange udbygning af universitetet, er det oprindelige knappe formsprog og samme materialevalg, gule mursten og tegltage bevaret.

Alligevel er de skiftende arkitekturidealer at genfinde i modereret form.

■ Aarhus University represents the so-called »functional tradition«, which combines international modernism with old Danish traditions.

The first buildings from the early 1930s have clear cubist forms, whereas the buildings erected after the war are more richly articulated.

Yet over the long construction period the original austere style and the same materials, yellow brick and tile roofs, have been retained.

Århus Universitet.
1931-46.
Århus University.
Location: Århus.
Architects: Kay Fisker, Povl Stegmann og C. F. Møller.
After 1942: C. F. Møller.
Landscaping:
C. Th. Sørensen.
Publication: Arkitekten M. 1949/11-12, Arkitektur 1962/4 and 1966/4.

Århus University

1:2000

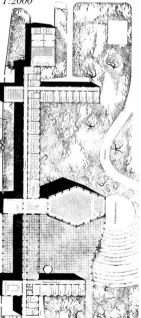

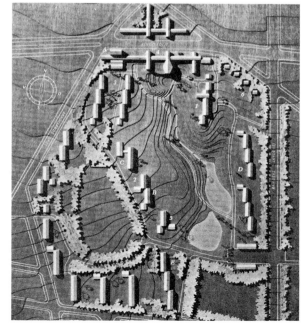

8. Nyborg Bibliotek

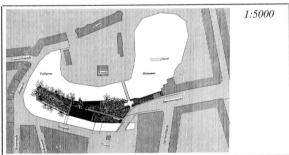

1:5000

Også det lille bibliotek i Nyborg er udtryk for denne funktionelle tradition. Det er med sit afdæmpede ydre beslægtet med det ældre danske anonyme byggeri, og med sit stilfærdige udtryk – helt uden effektjag – et eksempel på den lidt puritanske danske arkitekturtradition.
■ The little library in Nyborg also represents this functional tradition. With its discreet exterior and restrained expression, wholly avoiding dramatic effects, it exemplifies the rather Puritan Danish architectural tradition.

Nyborg Bibliotek.
1938-1940.
Library in Nyborg.
Location: Torvet, Nyborg.
Architects: Erik Møller and Flemming Lassen.
Publication: Arkitekten M. 1940, p. 49.

9. Århus Rådhus

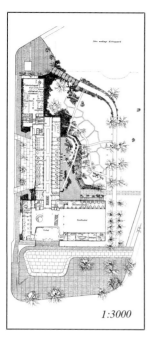

1:3000

Rådhuset, Århus.
1938-42.
Town hall, Århus.
Location: Rådhuspladsen, Århus.
Architects: Arne Jacobsen and Erik Møller.
Publication: Arkitekten M. 1944/10-11.

Århus Rådhus blev et eksempel på en forfinet dansk funktionalisme. Huset er opført i hvid jernbeton, udvendig beklædt med Porsgrunn marmor. Materialevalget er eksklusivt, vindueskarme er oregon pine, rammer er teak. De store vinduespartier i hallen og kontorfløjen er udført som stålvinduer.

■ Århus Town Hall exemplified refined Danish functionalism. The building is made of white reinforced concrete, with external cladding of Porsgrunn marble. The large window sections of the hall and office wing have steel frames.

10. Rødovre Rådhus

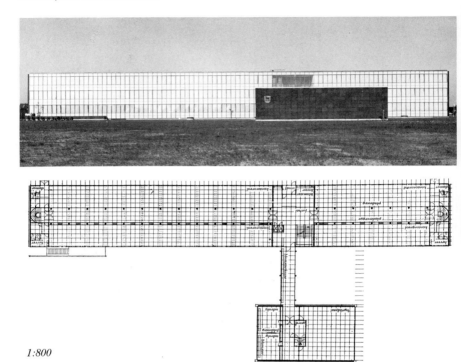

1:800

Arkitekten Arne Jacobsen blev den betydeligste danske fortolker af den internationale modernisme. Fra de tidlige eksempler, som tydeligt var inspireret af Bauhaus arkitekturen, blev hans senere arbejder mere i slægt med den amerikanske udformning af modernismen. Blandt andet har Rødovre Rådhus fra 1955 fælles træk med Saarinens GM-bygninger i Detroit.

Denne raffinering af detaljer og proportioner er videreført i det nærliggende Rødovre Bibliotek. Denne næsten klassiske afklarethed er kendetegnende for en række af hans senere byggerier.

■ Arne Jacobsen became the foremost Danish interpretor of international modernism. His early works were clearly inspired by the Bauhaus, whereas his later works more resembled American modernism. Rødovre Town Hall, built 1955, shares features with Saarinen's GM buildings in Detroit.

This refinement in detailing and proportions is further developed in the nearby Rødovre Library. An almost classic serenity is the hallmark of many of Jacobsen's later works.

Rødovre Rådhus.
1955.
Town hall.
Location: Parkvej 150, Vanløse.
Architect: Arne Jacobsen.
Decoration:
Preben Hornung.
Landscaping:
Eig. Kjær.
Publication:
Arkitekten 1956/10.

Rødovre Bibliotek.
1969.
Library.
Location: Rødovre Parkvej 140, Rødovre.
Architect: Arne Jacobsen.
Publication: Arkitektur 1970/4.

11. Rødovre Bibliotek

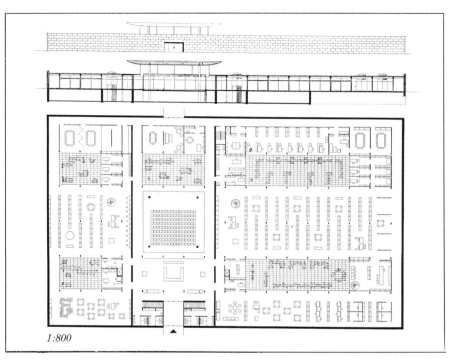

1:800

12. Louisiana

Kunstmuseet Louisiana i Humlebæk ikke langt fra Helsingør er udbygget over en lang årrække. Den første tilbygning (1958) til det gamle landsted, der danner entreen til museet, blev beundret for den fri og åbne form, der virtuost udnytter kontakten til den smukke have.
  Senere er tilkommet en koncertsal, en teatersal samt udstillingsareal for de permanente samlinger.
■ The Louisiana Museum of modern art in Humlebæk, near Elsinore, has been gradually enlarged. The first extension (1958) to the old country house serving as the museum entrance was admired for its free and open form with its brilliantly achieved contact to the park. Later extensions are a concert hall, an auditorium, and exhibition space for the permanent collection.

Louisiana.
1958-82.
Museum of modern art, concert hall etc.
Location: Gammel Strandvej 13, Humlebæk.
Architects: Jørgen Bo and Vilhelm Wohlert.
Landscaping: Agnete Petersen, Edith og Ole Nørgaard.
Publication: Arkitektur 1958/5, 1978/6, 1982/7.

1:1500

13. LO-skolen

I løbet af 60'erne blev bygget en række rigt udstyrede kursusejendomme. Et af højdepunkterne blev kursus- og uddannelsescentret LO-skolen. Det er en lille kursusby, sammenstillet af en række mindre bygningslegemer omkring de centrale kursusfaciliteter.

På samme tid arbejdede Karen og Ebbe Clemmensen med en svømme- og sportshal, Kildeskovhallen, der i udtryk er helt afvigende fra LO-skolen. Det blev en forfinet teknologisk arkitektur, hvor hovedmotivet, de opadstræbende ståldragere og tagets fine gitterkonstruktion, er et ekko af de omgivende træer. Den store mosaik i det udendørs spejlbassin er udført af maleren Henning Damgaard Sørensen.

■ Outstanding among the conference centres built in the 1960s was that of the Danish Trade Union Federation (LO). The centre consists of small units grouped round the educational facilities.

At the same time Karen and Ebbe Clemmensen designed a swimming and sports hall, Kildeskovhallen, completely different in expression. The refined technological architecture used here stressed steel beams and a fine space-frame roof construction to echo the surrounding trees.

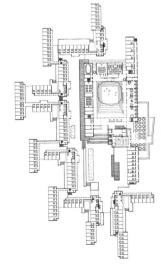

1:3000

14. Kildeskovhallen

LO-skolen. 1967-1969.
Training and conference centre for the Danish trade unions.
Location: Gl. Hellebækvej, Helsingør.
Architects: Jarl Heger, Karen and Ebbe Clemmensen.
Decoration: H. Damgaard Sørensen.
Publ.: Arkitektur 1970/2.

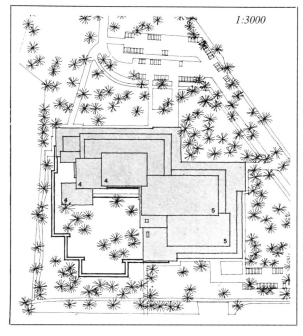

Kildeskovhallen. 1966-1972.
Location: Adolphsvej 25, Gentofte.
Architects: Karen and Ebbe Clemmensen.
Decoration: H. Damgaard Sørensen, Karl Aage Riget.
Publ.: Arkitektur 1970/4.

15. Odense Universitet

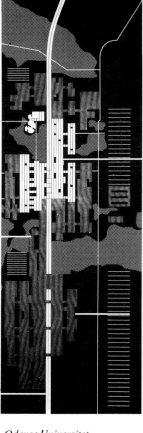

Universitetet i Odense blev det tredie i Danmark. Vinderprojektet fra konkurrencen i 1967 gav forslag til et strukturalistisk byggeprincip, der var åbent for forandring og udvidelse.

De almene undervisningsfunktioner er placeret i bygninger af høj generalitet og stor fleksibilitet, opbygget over et åbent søjle/drager system af beton og lukket med lette, selvbærende curtainwalls af cor-tenstål. Byggeriet er præget af mange præfabrikerede komponenter i et højt udviklet design.

Specialfunktioner er placeret i bygninger af mere definitiv karakter, med bærende facader af beton støbt i glat forskalling. Det gælder auditorier, idrætsanlæg m.v.

Universitetet er stadig under udbygning.

Odense Universitet.
1970-1973.
University.
Location: Niels Bohrs Allé 25, Odense.
Architects: Knud Holscher; Krohn & Hartvig Rasmussen Ass.
Landscaping: Jørgen Vesterholt.
Publication: Arkitektur 1976/8.

Odense University

Plan 1:5000

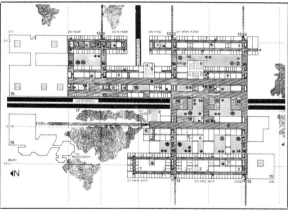

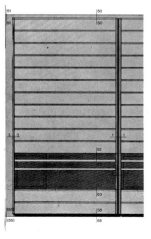

- Odense University, was the third university in Denmark.

It was designed in 1967, based upon a structuralistic principle open to change and expansion. Common educational facilities are situated in flexible general buildings, built up over an open post-and-beam construction of concrete and close by light self-supporting curtainwalls of cor-ten steel. Many prefabricated components are used.

Auditoriums and sports facilities are housed in buildings specially formed for the purpose. They have supporting facades of concrete cast on a smooth lathing.

The first phase was completed in 1973, but still the university is being extended.

16. Nordjyllands Kunstmuseum

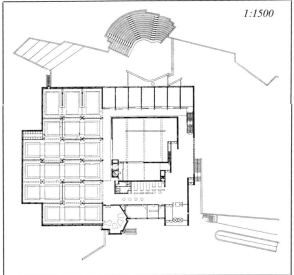

Nordjyllands Kunstmuseum i Ålborg er efter en nordisk konkurrence fra 1958 tegnet af de finske arkitekter Elissa og Alvar Aalto samt den danske arkitekt Jean-Jacques Baruël. Rummene og specielt ovenlysenes udformning er karakteristisk for en del arbejder af Aalto. Bygningerne er udvendigt beklædt med hvid Carrara-marmor.

Flere danske arkitekter, således Paul Niepoort har hentet inspiration fra Aalto. Bl.a. i Sønderbro Kirke i Horsens er denne påvirkning tydelig.

Nordjyllands Kunstmuseum.
1963-1972.
Art Museum.
Location: Kong Christians Allé 50, Aalborg.
Architects: Elissa and Alvar Aalto and Jean-Jacques Baruël.
Publication: Arkitektur 1972/5.

17. Sønderbro Kirke

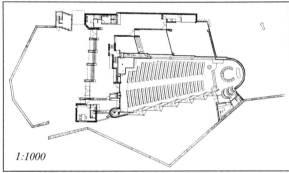

1:1000

Sønderbro Kirke.
1968-1971.
Church.
Location: Bygholm Parkvej
1, Horsens.
Architect: Paul Niepoort.
Publication: Arkitektur
1973/2.

■ The North Jutland Art Museum in Aalborg was designed by the Finnish architects Elissa and Alvar Aalto and the Danish architect Jean-Jacques Baruël. The spaces and particularly the overhead lighting typify many Aalto works. The exteriors are covered with white Carrara marble.

Several Danish architects, thus Paul Niepoort, derived inspiration from Aalto, as clearly seen in Sønderbro Church in Horsens.

18. Københavns Amtssygehus i Herlev

Københavns Amtssygehus i Herlev blev planlagt efter de nyeste sygehustekniske principper, blandt andet blev en rationel intern kommunikation bestemmende for anlæggets udformning. En 16 etagers sengebygning rejser sig over en lavere bygning, der er åben for forandringer og vækst. Her ligger behandlingsafdelinger og laboratorier. Foran hospitalet ligger undervisningsauditorierne.

Desuden er der opført en sygeplejeskole, tegnet af arkitekten Gehrdt Bornebusch.

■ The Copenhagen County Hospital employs the most modern principles of rational internal communication. A 16-storey ward building rises above a low general building housing clinics and laboratories. Teaching auditoriums are situated in front of the hospital.

The school of nursing was designed by the architect Gehrdt Bornebusch.

Copenhagen County Hospital

01, sengebygning.
02, auditorium, forhal,
restaurant.
05, behandlingsbygning.
07, servicebygning.
09, kapel.
11, børneinstitution.
12, sygeplejerskole.
■ *01, in-patientbuilding.*
02, auditorium, foyer,
restaurant.
05, treatment building.
07, service building.
09, chapel.
11, childrens' institution.
12, school for nurses.

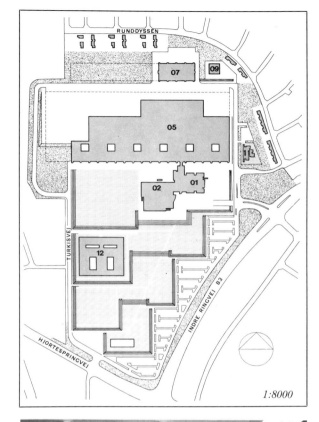

Københavns Amtssygehus i
Herlev.
1966-1976.
Copenhagen County
Hospital.
Location: Herlevvej,
København.
Architects: Bornebusch,
Brüel & Selchau.
Landscaping: Sven Hansen.
Murals: Poul Gernes and Else
Fischer Hansen.
Publication: Arkitektur
1977/5.

63

19. Danmarks Nationalbank

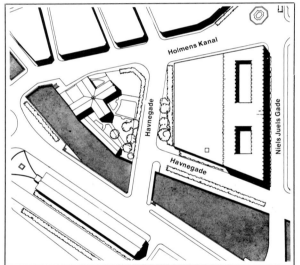

1:4000

Danmarks Nationalbank blev et af Arne Jacobsens sidste arbejder. Byggeriet blev fuldført af arkitekterne Dissing + Weitling. Huset består af en stor rektangulær bygningsblok, som er placeret på en lavere basis – en lukket perimetermur, der omgiver hele anlægget.
- The Danish National Bank, one of Arne Jacobsen's last works, was completed by Dissing & Weitling. The complex is a large rectangular block built on a lower base – a closed perimeter wall surrounding the entire complex.

Danmarks Nationalbank.
1965-1978.
National Bank of Denmark.
Location: Havnegade 5,
København.
Architect: Arne Jacobsen;
Dissing + Weitling.
Publication: Arkitektur
1980/2.

20. Vejlby-Risskov Amtsgymnasium

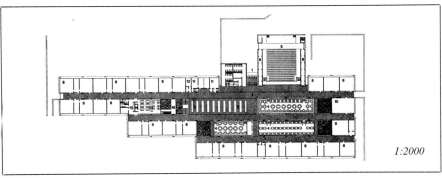

1:2000

Vejlby-Risskov Amtsgymnasium. 1968-1969.
County grammar school.
Location: Vejlby-Risskov.
Architects: Knud Friis and Elmar Moltke Nielsen.
Landscaping: K. Mejer Jensen.
Publication: Arkitektur 1970/5.

Amtsgymnasiet i Vejlby-Risskov er et såkaldt fagklassegymnasium. I princippet har det ikke hjemmeklasser. Eleverne henvises i fritimerne til fællesarealerne, der er placeret imellem tre langsgående »gader«, som pladser i en lille by.

■ The county grammar school in Vejlby-Risskov has no homerooms. The common areas used in free periods, now in focus in school architecture, are here situated between three longitudinal »streets« like squares in a little town.

21. Odder Rådhus

1:2000

Odder Rådhus blev et mønstereksempel for en række rådhuse og administrationsbygninger. De offentligt tilgængelige områder er her placeret i en vinkelform, hvortil knyttes de enkelte forvaltninger, der er åbne for vækst uden at publikumsområderne berøres.
  I Skanderborg Gymnasium af de samme arkitekter genkendes dette tema. Karakteristisk er den terrasserede, knækkede glasfacade.
■ Odder Town Hall became a prototype for many civic buildings. The public areas here are situated in an angle linked to the various administrative offices, which are open to growth without disturbance to the public areas.
  Skanderborg Grammar School, designed by the same architects, repeats this theme.

Odder Rådhus.
1970-1971.
Town hall.
Location: Rådhusgade 3, Odder.
Architects: H. P. Holm Nielsen and Friis & Moltke Assoc.
Landscaping: Sven Hansen
Colour Scheme:
Emil Gregersen.
Publication: Arkitektur 1973/2.

22. Skanderborg Amtsgymnasium

Skanderborg Amtsgymnasium.
1971-1973.
County grammar school.
Location: Skanderborg øst, Skanderborg.
Architects: Knud Friis and Elmar Moltke Nielsen.
Landscaping: Sven Hansen.
Publication: Arkitektur 1974/1.

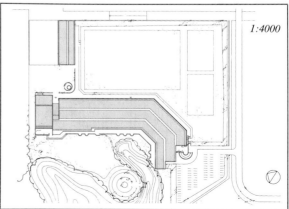

1:4000

23. Journalisthøjskolen

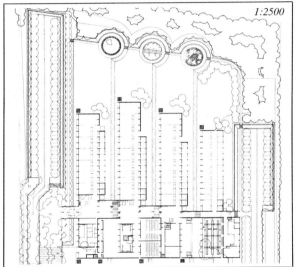

1:2500

Journalisthøjskolen.
1971-73.
College for journalists.
Location: Halmstadgade,
Århus.
Architects: Kjær & Richter.
Landscaping: Sven Hansen
Publication: Arkitektur
1974/2.

Journalisthøjskolen har omtrent samme funktionsskema som gymnasierne. Bygningen ligger på et skrånende terræn med fløje parallelt med højdekurverne. Hovedgaden går på tværs af fløjene, følger terrænstigningen. Byggeriet er opført i beton og udvendigt beklædt med marmor.
■ The college for journalists is on the university level, but has the same general function scheme as a grammar school. The building lies on a sloping terrain with wings parallel to the contours. The main »street« runs transverse to the wings, following the rise of the terrain.

24. Moesgaard, Forhistorisk Museum

Moesgaard, Forhistorisk Museum.
Museum of prehistory (built 1776-78, restored 1965-75).
Location: Højbjerg, Århus.
Architects: J. Chr. Zuber/ C. F. Møllers Tegnestue I/S.
Publication: Arkitektur 1981/6.

Herregården Moesgaard ved Århus er nu forhistorisk museum. Renovering og ombygning blev påbegyndt i 1965, forestået af C. F. Møller. Gården var på det tidspunkt slemt medtaget, og dele er genopbygget, andre ført tilbage til den oprindelige skikkelse. Tilbygningerne, der indeholder udstillingsrummene, er i ydre form beslægtet med de eksisterende økonomibygninger. Samlingerne omfatter dansk forhistorisk tid, vikingetiden, samt etnografika.

■ The manor Moesgaard near Aarhus is now a museum of prehistory. When the work of restoration and rebuilding began in 1965, under the supervision of C. F. Møller, the estate was badly dilapidated. The extensions, which house the exhibition rooms, resemble the existing estate buildings from the outside.

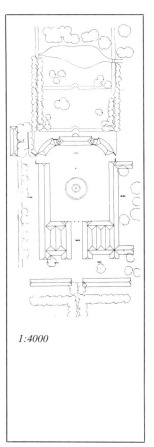

1:4000

25. Sønderborg Slot, restaurering, museumsindretning

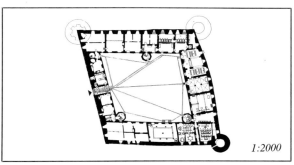

1:2000

Sønderborg slot, restaurering, museumsindretning.
1718/1970-77.

Det ældste Sønderborg Slot blev i 1718 ombygget til et barokagtigt anlæg. I årene 1964-73 blev en restaurering gennemført under ledelse af arkitekten Peter Koch. Slottet blev ført tilbage til den skikkelse, det havde efter ombygningen i 1718. Arkitekten Jørgen Bo har indrettet udstillingsrummene.
■ In 1718, the original Sønderborg Castle was converted to the Baroque style. In 1964-73, under the supervision of the architect Peter Koch, the castle was restored to its appearance just after 1718. The architect Jørgen Bo designed the exhibition rooms.

Restoration of a castle, re-arrangement of museum.
Location: Sønderborg Slot, Sønderborg.
Architect for the restoration: Peter Koch.
Architect for the rearrangement of the museum: Jørgen Bo.
Publication: Arkitektur 1981/6.

26. Restaurering af Koldinghus

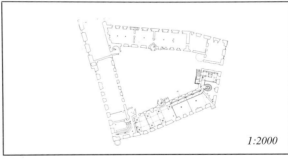

1:2000

*Restaurering af Koldinghus.
1979-80.
Restoration of castle ruins.
Location: Koldinghus,
Kolding.
Architects: Inger and Johannes Exner.
Publication: Arkitektur
1981/6.*

Det ældste Koldinghus stammer fra 1200-tallet. I 1808 brændte slottet. Dele blev genopbygget i 1930'erne, men først i 1979 blev en gennemgribende restaurering mulig. Man valgte at bevare vidnesbyrd fra de forskellige historiske perioder. Bemærkelsesværdig er den store kirkesal.
I dele af slottet er indrettet lokalhistorisk museum.

■ The 13th-century Koldinghus burnt in 1808. It was partially rebuilt in the 1930s and thoroughly restored in 1979. Traces from various periods have been preserved. Part of the castle is now a museum of local history.

27. H. C. Andersens Kvarter og Museum, Odense

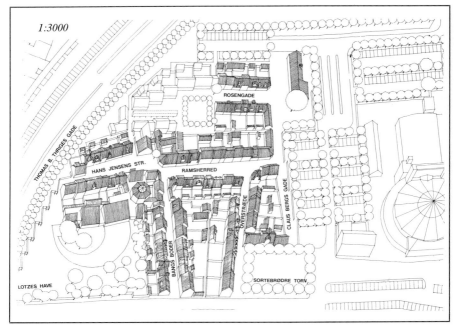

I 1960'erne gennemførtes i Odense omfattende nedrivninger i den centrale bydel, blandt andet i forbindelse med anlæggelsen af en motorgade.

Kun et lille område med købstadhuse fra 1700-1800'tallet omkring H. C. Andersen Museet blev skånet. Det blev renoveret med saneringstilskud fra stat og kommune.

Husene er i det ydre ført tilbage til den oprindelige skikkelse, i det indre moderniseret. Mange er genopført fra grunden. Husene er privatejede.

Kvarteret er blevet en lille provinsidyl – en fredfyldt anakronisme i et larmende storbymiljø.

■ In the 1960s much of the centre of Odense was torn down to make way for a highway.

Only a small area with 18th- and 19th-century market town houses around the H. C. Andersen Museum were preserved. It has been renewed by subsidies from the state and municipality.

The houses have been restored on the exterior and modernized inside. Many have been completely rebuilt. The houses are privately owned.

The area has become a small provincial idyll – a peaceful anachronism in a bustling city environment.

H. C. Andersens Kvarter og Museum.
1970-1976.
Rehabilitation of district, and a museum.
Location: H. C. Andersens Kvarteret, Odense.
Architects: Knud, Erik and Ebbe Lehn Petersen.
Landscaping:
Stadsgartnerens kontor.
Publication: Arkitektur 1977/8.

H. C. Andersen Town and Museum, Odense

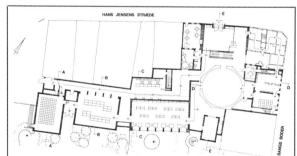

1:1000

28. Vor Frue Kirke, restaurering

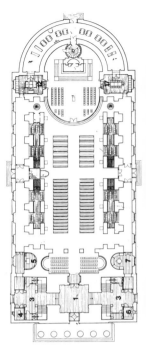

1:1000

Københavns Domkirke, Vor Frue Kirke, er et hovedværk i dansk nyklassicisme. Den er tegnet af arkitekten C. F. Hansen, opført i årene 1811-29. I perioden derefter blev kirken stærkt ændret, og først nu er den ført tilbage til sin oprindelige skikkelse. Restaureringen er foretaget på basis af C. F. Hansens originaltegninger og samtidige fremstillinger.
■ The Copenhagen cathedral, the Church of Our Lady, is a major work of Danish neo-classicism. It was designed by C. F. Hansen and built 1811-29. After undergoing many changes, the church has recently been restored according to C. F. Hansen's original drawings and depictions of the church.

Vor Frue Kirke, restaurering.
1811-1829/1975-1979.
Restoration of a church.
Location: Nørregade, København.
Architect: C. F. Hansen.
Architect for the restoration: Vilhelm Wohlert.
Publication: Arkitektur 1980/3.

29. Bagsværd Kirke

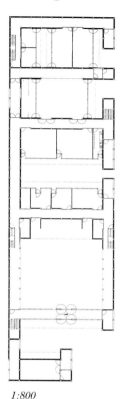

1:800

Et højdepunkt i 70'ernes kirkebyggeri blev Jørn Utzons kirke i Bagsværd. Bygningerne, der er opført af beton, er i det ydre prosaiske, som en fabrik, men med en rig og stemningsfuld kirkesal.

■ An outstanding church of the 1970s is Jørn Utzon's church in Bagsværd. The concrete buildings are outwardly plain, but the church interior is rich and full of atmosphere.

Bagsværd Kirke.
1976.
Church.
Location: Taxvej, Bagsværd.
Architect: Jørn Utzon.
Publication:
Arkitektur 1982/3

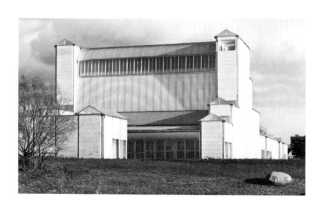

30. Radio/TV-hus i Århus

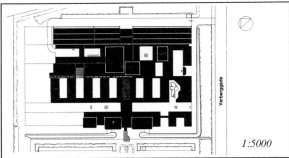

Radio- og TV-huset består af fire nord-syd-gående bygningsbånd indeholdende radio, administration, TV-funktioner samt værksteder og garager. Anlægget gennemskæres af en øst-vestgående hovedgade. Huset omgærdes af en brolagt vold blandt andet for at undgå støj og vibrationer fra omgivelserne.
■ The broadcasting complex consists of four buildings for radio, administration, TV, workshops, and garages. The complex is intersected by a main street and surrounded by a paved rampart protecting it from outside noise and vibrations.

Radio/TV-hus i Århus.
1973-1981.
Radio- TV-building.
Location: Halmstadgade 10-12, Århus.
Architects: Arkitektfirmaet C. F. Møllers Tegnestue I/S.
Landscaping: Sven Hansen.
Publication: Arkitektur 1975/2, 1981/7.

31. Kalundborghallen

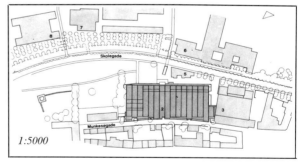

1:5000

Kalundborghallen.
1977.
Gymnasium, swimminghall,
restaurant etc.
Location: Skolegade,
Kalundborg.
Architects: Arkitektfirmaet
Friis & Moltke.
Landscaping: Sven Hansen
Publication: Arkitektur
1979/5.

Kalundborghallen danner overgang mellem Kalundborgs middelalderby, Højbyen, og et nyt uddannelsesområde for foden af denne gamle bydel. Hallen er mod den gamle, lave bebyggelse opløst i en sammenhængende række af småhuse, en lille provinsgade. Men fra uddannelsesområdet mod nord opfattes anlægget i sin helhed med store tagflader, der følger terrænets fald.
■ The Kalundborg Hall lies between the medieval quarter, Højbyen, and a new educational area. Against the old low buildings, the hall appears as a row of small houses, a little provincial street.

32. Ålborg Universitetscenter, AUC

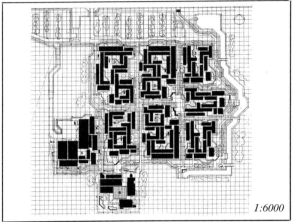

1:6000

Ålborg Universitetscenter ligger i et område udenfor Ålborg by, der skal udbygges med boliger og regionale institutioner.
Universitetsfunktionerne er indenfor en overordnet bystruktur opdelt i mindre enheder, småhuse samlet omkring overdækkede gangstrøg. Markant er fællesbygningen med et overdækket torv.
Udearealerne har overalt fået en meget indgående arkitektonisk behandling.
- Aalborg University Centre is situated outside of Aalborg in a future residential and institutional area.
The university is an organized town structure of small units, little houses grouped round covered passages. One striking feature is the common building with its covered square.

Aalborg Universitetscenter, AUC.
1976-
University centre.
Fibigerstræde, Sdr. Tranders, Ålborg.
Architects: Hans Dall & Torben Lindhardtsen.
Landscaping: Gruppen for Landskabsplanlægning
Publication: Arkitektur 1978/8, Arkitektur 1981/8.

1:1500

Fællesbygningen
■ The common building

33. Køge Rådhus, udvidelse

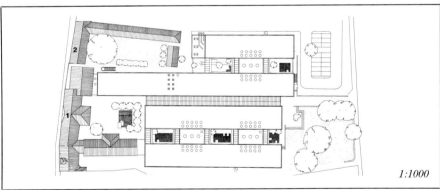

1:1000

Køge's nye rådhus er placeret bag det gamle ved byens torv. Det er udformet med respekt for den oprindelige bystruktur. En tidligere smøge til havnen er nu rådhusets interne, glasoverdækkede gade.
  Sønderborg Gymnasium er tegnet af A5 tegnestuen. Her er undervisningslokaler og fællesfunktioner, kantine, bibliotek m.v. placeret omkring en glasoverdækket gade, en arkade, der er hele skolens mødested. Opvarmningen af gymnasiet sker ved et jordvarmeanlæg.

34. Sønderborg Gymnasium

Køge Rådhus, udvidelse.
1976-1979.
Town Hall, extension.
Location: Torvet 1, Køge.
Architects: Arkitektgruppen i
Århus ApS, Lars Due,
Michael Harrebæk, Ole
Nielsson, Erling Stadager and
Helge Tindal.
Decoration: Jens-Flemming
Sørensen, Emil Gregersen.
Publication: Arkitektur
1980/6.

Sønderborg Gymnasium.
1978-1980.
County grammar school.
Location: Grundtvigs Allé,
Sønderborg.
Architects: A5-Tegnestuen,
Anders Dragheim, Robert
Grünberger, Flemming Nøhr,
Niels Sigsgaard, Henrik
Vogel.
Publication:
Arkitektur 1980/8.

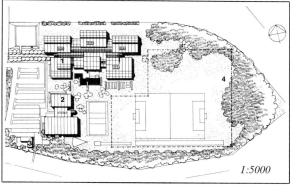

1:5000

■ The new Køge Town Hall is designed with the original town structure in mind. A lane once leading to the harbour is now the internal glass-covered passage of the town hall.

Sønderborg Grammar School, designed by the A5 architectural office, has classrooms and common functions, a canteen and a library, around a glass-covered passage serving as the school meeting place. There is thermoterrestrial heating.

35. Ålborg Medborgerhus og Bibliotek

Ålborg Medborgerhus
og Bibliotek.
1970-80.
Community centre and
library.
Location: Nytorv, Ålborg.
Architects: Dall & Lindhardtsen.
Landscaping:
Ole Ubbesen.
Publication: Arkitektur
1981/8.

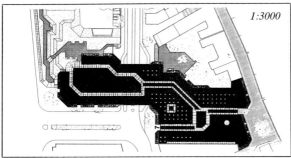

Medborgerhus og bibliotek i Ålborg. Her er arkaden en smøge med forgreninger, der udgår fra en central plads. Den ene gren fører op til det store bibliotekslandskab.

Ålborg Medborgerhus er et eksempel på en billedrig arkitektur med et industrielt udtryk.

I Holstebro Bibliotek er der flere referencer til præindustrielt byggeri. Anlægget er iøvrigt beslægtet med Ålborg Medborgerhus med store glasoverdækkede arealer, som omsluttes af karréer.

- The community centre and library in Aalborg. Here the arcade has branches radiating from a central square. One branch leads up to the large library landscape.

Holstebro Library evokes pre-industrial architecture in several ways. It resembles Aalborg Community centre with its glass-covered areas enclosed by blocks.

Bibliotek i Holstebro.
1981.
Library.
Location: Kirkepladsen, Holstebro.
Architects: Dall & Lindhardtsen.
Landscaping: Svend Kierkegaard.
Publication: Arkitektur
1981/8.

36. Bibliotek i Holstebro

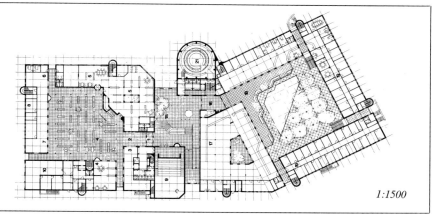

1:1500

37. Birkerød Rådhus og Bibliotek

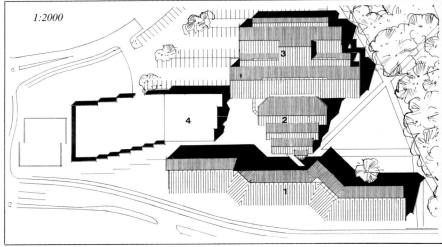

Reaktionen mod funktionalismen og modernismens såkaldt billedløse arkitektur, satte sig flere spor i Danmark. Et af dem var Birkerød Rådhus og Bibliotek, der er en sammenstykning af stilpåvirkninger i et ganske personligt udtryk. De to bygninger forbindes af en skulpturelt formet fodgængerbro.

■ The reaction against functionalism and »imageless« modernism is apparent in Birkerød Town Hall and Library, a complex combining stylistic influences in a very personal manner. The two buildings are linked by a footbridge formed as a sculpture.

Birkerød Rådhus og Bibliotek. 1978-1980.
Town hall and library.
Loc: Stationsvej, Birkerød
Arch: Ib & Jørgen Rasmussen
Landscaping: Sven Ingvar Andersson
Pedestrian bridge: The sculptor Egon Fischer
Publ: Arkitektur 1980/6

38. Stenvadskolen

Stenvadskolen.
1979-1981.
Primary school.
Location: Hvilebækgårdsvej,
Farum.
Architects: A5 + Vandkunsten.
Publication: Arkitektur 1982/6.

Kritikken af funktionalismen, af arkitekturens billedmæssige forarmelse, fandt flere konkrete udtryk i Danmark. En af retningerne hentede inspiration i småbyerne, landsbyen, fiskerbyen, provinsbyen. Også den tiltagende opdeling af byens funktioner i specialiserede områder blev kritiseret. To arkitektgrupper der gennem en række projekter har forsøgt at fastholde den lille bys kvaliteter, har planlagt et integreret uddannelses- og boligbyggeri i Farum.

■ In criticizing functionalism and its meagre imagery, inspiration was sought in villages, fishing ports, and provincial towns. The division of town functions into special areas was also attacked. Two architect groups attempting to maintain the virtues of the small town have designed an integrated educational and residential complex in Farum.

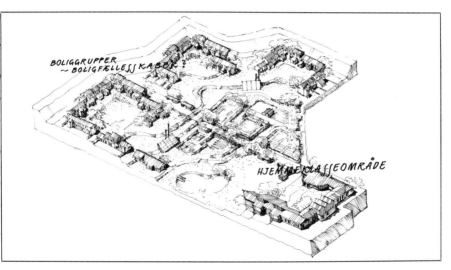

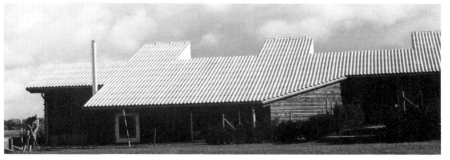

39. Holstebro Kunstmuseum

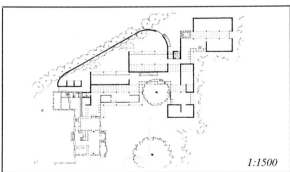

1:1500

Også i tilbygningen til det lille Holstebro Kunstmuseum er glasarkaden anvendt som motiv. Her som ovenlys og gangarealer i et strukturalistisk byggeri. Museet er præget af en høj grad af fleksibilitet, og muligheder for præcis styring af dagslyset.
■ The addition to the small Holstebro Art Museum also employs the motif of a glass arcade, here in the form of overhead lighting and passages in a structuralist building. The museum is highly flexible. The incidence of daylight can be controlled precisely.

Holstebro Kunstmuseum.
1981.
Art Museum.
Location: Sønderborggade 2, Holstebro.
Architect: Hanne Kjærholm.
Publication: Arkitektur 1981/6.

40. Frederiksværk Amtsgymnasium

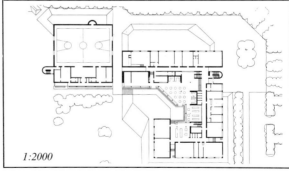

1:2000

Frederiksværk Amtsgymnasium. 1981.
Grammar School.
Location: Strandgade, Frederiksværk.
Architects: Kjær & Richter.
Landscaping:
Muusfeldt Ravn.
Publication: Arkitektur 1982/1.

I planløsning er Frederiksværk Amtsgymnasium ikke nyskabende, men med en virtuos materialeanvendelse er det blevet et af de smukkeste gymnasier fra det sidste tiår. Husets attraktion er de store vinterhaveagtige fællesarealer.

■ Frederiksværk County Grammar School is not innovative in layout, but its superb use of materials makes it one of the most handsome grammar schools built in the past decade. Its focal points are the large common areas resembling winter gardens.

41. Musikhuset i Århus

Musikhuset i Århus er resultat af en konkurrence udskrevet i 1977. Det er beliggende centralt i Århus i parken vis a vis rådhuset. Publikumsfoyeren er et stort glasprisme, som sammenbindes med scenebygningen og prøverum af to tilskuerrum. Disse følger terrænets fald, og formidler således naturligt overgangen fra den højtliggende foyer til den lavereliggende scene. Det store forareal er udlagt som en parterrehave, gennemskåret af diagonale stier næsten som et barokanlæg.

■ The Music Centre in Århus, resulting from a 1977 competition, lies in a park facing the Town Hall. The lobby is a large glass prism linked to the theatre building and rehearsal rooms by two audience areas. The theatres, contoured to the sloping terrain, make a natural transition from the high-lying lobby down to the stage. The plan of the building is accentuated by a large forecourt resembling a Baroque parterre intersected by diagonal paths.

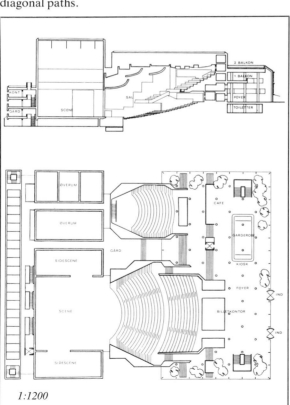

*Musikhuset i Århus.
1980-1982.
House for concert and opera.
Location: Skovgårdsgade 4d, Århus.
Architects: Arkitektfirmaet Kjær & Richter.
Landscaping: Sven Hansen
Publication: Arkitektur 1982/8.*

1:1200

42. Amtsgymnasium i Høje Tåstrup

En af de førende danske arkitekter, Henning Larsen, giver i projektet Høje Tåstrup Gymnasium en overbevisende demonstration af, at modernismens formsprog endnu er levende. Det er blevet et af højdepunkterne i de tidlige 80'eres danske arkitektur; artistisk, præcist, og med et væld af oplevelsesmuligheder – et bevis på, at det er udmøntningen af arkitekturidealerne, ikke idealerne selv, der skaber arkitekturen.
Fællesarealer og kantine overdækkes af et blåt- og hvidstribet baldakinagtigt tag med ensidigt fald.

■ A leading Danish architect, Henning Larsen, convincingly demonstrates the vitality of modernism in Høje-Taastrup Grammar School. This outstanding building, with artistic qualities, precision, and diversity, proves that it is the interpretation of architectural ideals, not the ideals themselves, which creates architecture.

1:2000

Amtsgymnasium i Høje Tåstrup.
1979-1981. County grammar school.
Location: På Bjerget 2, Tåstrup.
Architect: Henning Larsen. Landscaping: Regitze Johnsen, Malene Hauxner.
Publication: Arkitektur 1982/7.

Grammar school

43. Bakkehusene ved Bellahøj

Boligbyggeri

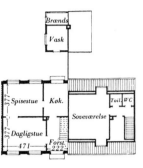

1:400

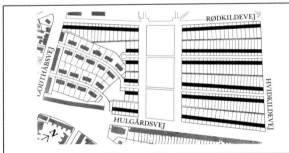
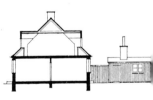

Opgøret med den fri historicisme og en ny social bevidsthed blandt arkitekterne fandt udtryk i en række boligbebyggelser omkring 1920. Man søgte boligtyper og formudtryk, frigjort fra den borgerlige kultur. Bakkehusene, de første rækkehuse i nyere tid i Danmark var et forsøg på at skabe arbejderklassens boligform. Det blev imidlertid middelstanden, der først tog disse boliger i besiddelse.

Ved siden af rækkehusene blev storkarrébebyggelserne kendetegnende for 20'rne og de tidligere 30'res sociale boligbebyggelser, typisk med en stram facadedisciplin. Den første bebyggelse i Struenseegade (1919) blev efterfulgt af flere vellykkede eksempler, blandt andre Hornbækhus, som har lånt motiv fra det gamle Vartov Hospital i den indre by.

Bakkehusene ved Bellahøj.
1921-23.
Terrace houses.
Location: Hvidkildevej, København.
Architects: Ivar Bentsen and Thorkild Henningsen.
Publication:
KAB Årbog 1920-45.
Arkitekten M. 1941, p.19.

44. Hornbækhus   Housing

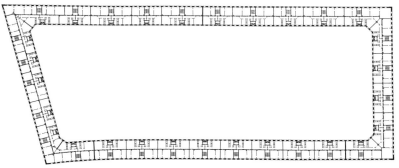

Hornbækhus.
1922-23.
Block of flats.
Location: Ågade 126-34,
København.
Architect: Kay Fisker.
Publication: Arkitekten M.
1936, p.157.

■ The rejection of free historicism and the new social consciousness among architects became evident about 1920 in various housing projects. Freedom from bourgeouis norms was sought. Bakkehusene, the first modern Danish row houses, were built as dwellings for the working class, but were first taken over by the middle class.

Large block developments (a hollow square occupying an entire city block) also typified the 1920s and early 1930s. This social housing often had a strict facade discipline.

The first developments on Struenseegade (1919) were followed by successful projects such as Hornbækhus, inspired by the old Vartov Hospital in Copenhagen.

45. Bella Vista, boligbebyggelse

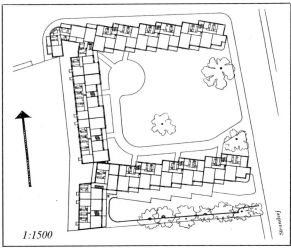

Bella Vista, boligbebyggelse, Bellevue Teatret og Bellevue Strandbad.
1933-34, 1936-37.
Housing, theatre and bathing establishment.
Location: Strandvejen 419-451, Klampenborg, København.
Architect: Arne Jacobsen.
Publication: Arkitekten M. 8/9, 1934. M. 1937, p.17-25.

Bella Vista, som er tegnet af arkitekten Arne Jacobsen er det tydeligste eksempel på en dansk udgave af Bauhaus arkitekturen. Her er alle funktionalismens attributter. Husene er pudsede og hvidmalede, som var de opført i jernbeton. Alle lejligheder har adgang til en terrasse, hvorfra der er smuk udsigt over Øresund.
 I samme område blev opført et sommerteater, der er et af de mest markante danske eksempler på den tidlige funktionalisme. Det er nu genåbnet som teater og biograf.

1:400

45. Bellevue Teater og Bellevue Strandbad

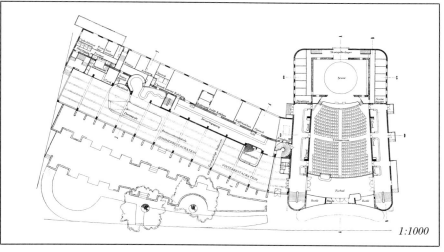

1:1000

■ Bella Vista, designed by Arne Jacobsen, most clearly exemplifies the Danish version of Bauhaus architecture. Here are all the features of functionalism. The houses are plastered and painted white, as if constructed of reinforced concrete. All flats open onto a terrace with a lovely view of the Sound.

A summer theatre built nearby is one of the most striking Danish examples of early functionalism. It has been re-opened as a theatre and cinema.

46. Blidah Park, stokbebyggelse

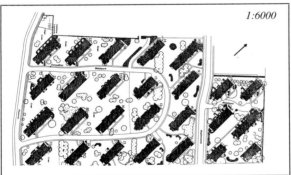

Storkarréen blev i begyndelsen af 30'rne afløst af en ny type bebyggelse, stokbebyggelsen, inspireret af Walther Gropius' idéer om en bebyggelsesform, der giver lige adgang til lys, luft og grønne omgivelser. I Blidah Park er der mange træk fra Bauhaus arkitekturen, men husene er opført i murværk.

■ In the early 1930s, the large block complex was replaced by detached blocks of flats, inspired by Walther Gropius' ideas of equal access to light, air, and nature. Blidah Park incorporates many Bauhaus features, but the houses are of brick.

Blidah Park, Stokbebyggelse.
1933-34.
Blocks of flats.
Location: Strandvejen 221.
Architects: Ivar Bentsen, Edvard Heiberg, Alfred Skjødt-Petersen, m.fl.
Publication: Arkitekten M. 1934, p.124. M. 1936, p.138.

47. Vestersøhus

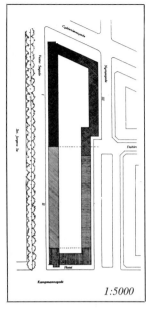

1:5000

1:500

Vestersøhus.
1935-36.
Block of flats.
Location: Vestersøgade,
København.
Architects: Kay Fisker og
C. F. Møller.
Publication: Arkitekten M.
1939, p.64.

En særlig version af den modererede, danske funktionalisme er en etagehustype, hvor facaden er udformet med en kombination af karnapper og altaner, der er så store, at de kan møbleres med opholdsmøbler. Et beundret eksempel er Vestersøhus i København.

■ A special version of the modified Danish functionalism is a multi-storey housing type in which the facade is designed with a combination of bays and balconies which are so large that they can be furnished with lounge furniture. One outstanding example is Vestersøhus in Copenhagen.

48. Bispeparken

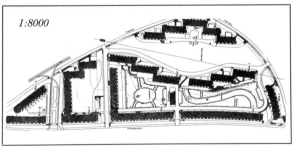

1:8000

Bispeparken.
1940-42.
Housing estate.
Location: Frederiksborgvej/
Tuborgvej/Tagensvej,
København.

Mellemkrigsårenes boligbyggeri blev præget af de sociale boligselskabers meget store samlede bebyggelser. Et af de mest markante eksempler er Bispeparken. Boligblokkene er tegnet af forskellige arkitekter, men under en fælles dispositionsplan. Altankarnaphuset er den gennemgående hustype. De sammenhængende bygningsblokke omgiver et parkområde.
■ Housing built between the wars was mainly the large collective buildings of the social housing associations. A most striking example is Bispeparken. The residential blocks were designed within a common framework by various architects.

Architects: Kaare Klint og
Valdemar Jørgensen; Knud
Thorball and M. L. Stephensen; Edvard Heiberg and Harald Petersen; Fr. Wagner;
Knud Hansen; Vagn
Kaastrup.
Landscaping: C. Th.
Sørensen.
Publication: Arkitekten M.
1942, p.140-148.

49. Atelierhusene

Atelierhusene.
1943.
Terrace houses.
Location: Grønnemoseallé 21-49, Utterslev, København.
Architect:
Viggo Møller-Jensen.
Landscaping: C. Th. Sørensen.
Publication: Arkitekten M. 1943, p.134.

Atelierhusene i Utterslev, i Københavns udkant, blev opført under 2. verdenskrig. Rækkehusbebyggelsen har atelierer for billedkunstnere. Med sin udtryksfulde robuste udformning foregriber den de billedrige eksperimenter med tæt/lavt boligbyggeri, som skulle komme mere end en generation senere. Men husene afspejler også den tilbagevenden til nationale byggeformer, der fandt sted under krigen.

■ The atelier houses in Utterslev, on the edge of Copenhagen, were built during World War II. This row house development with artists' studios anticipates the experiments with pictorially-rich dense low housing.

50. Søndergård Park

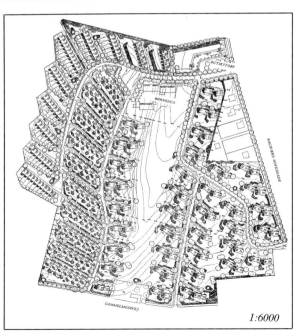

1:6000

1:400

51. Bellahøj

1:12000

Søndergaard Park. 1950.
Housing estate with terrace houses.
Location: Ibsvej/Kaaresvej, Bagsværd.
Architects: Poul Ernst Hoff and Bennet Windinge.
Landscaping: Axel Andersen.
Publ: Arkitekten M 1953/11

Bellahøj. 1951-56.
Multistorey houses.
Location: Bellahøjvej, København.
Architects: Ole Buhl, Dan Fink, Edvard Heiberg, Svenn Eske Kristensen, Dominia, the municipal architect.
General plan: Mogens Irming and Tage Nielsen.
Landscaping: C. Th. Sørensen.
Publ.: Ark. U 1951/41

De første år efter 2. verdenskrig var byggeriet præget af indenlandske materialer og traditionelle husformer. Bebyggelsesplanerne var derimod præget af nye idéer, som i Søndergaard Park i Bagsværd. Bebyggelsen er anlagt omkring en stor fælles grønning. Desuden er der et center med institutioner, beboerhus og butikker.

For at øge boligproduktionen støttede staten utraditionelt byggeri. Boligbebyggelsen Bellahøj blev et stort forsøgsprojekt, hvor flere boligselskaber med forskellige arkitekter opførte punkthuse efter en fælles bebyggelsesplan, og med forskellige industrialiserede byggemetoder.

■ Just after World War II, domestic materials and traditional house types predominated. Yet new ideas were evident, for example in Søndergaard Park in Bagsværd. This complex, built around a large common park, includes a centre with institutions and shops.

To stimulate housing production the government supported untraditional building. Bellahøj was an ambitious experiment in which various housing associations and architects erected high-rises within a common plan. Various industrialized construction methods were used.

52. Søholm

Søholm.
1950-1955.
Housing estate.
Location: Strandvejen 413,
Klampenborg.
Architect: Arne Jacobsen.
Publication: Arkitekten M.
1951/12.

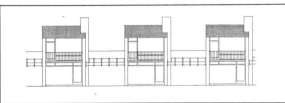

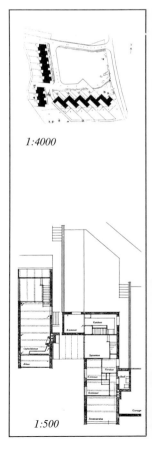

1:4000

1:500

Det var dog stadig de traditionelle byggemetoder, der var fremherskende – og ofte var resultaterne fremragende. Rækkehusbebyggelsen Søholm i Klampenborg nord for København repræsenterer en fornyelse af rækkehusene som type, men i traditionel udførelse.

Ikke lang tid efter opførte arkitekten Jørn Utzon en rækkehusbebyggelse, der fik stor indflydelse på de følgende års bebyggelsesplaner. Det var gårdhuse, der ved sammenbygning kunne optage horisontale og vertikale forskydninger. Det var det første forsøg i Danmark på en additiv arkitektur, hvor elementerne kan adderes, sammenføjes med stor frihed.

- However, traditional building methods still prevailed, often with excellent results. The row house development Søholm in Klampenborg, north of Copenhagen, is a renewal of the row house idea, but uses traditional construction methods.

Not long afterwards, Jørn Utzon built a row house development which exerted great influence in following years. The atrium houses could be placed with horizontal and vertical variations. This was the first Danish example of »additive architecture« in which elements may be combined with considerable freedom.

53. Kingohusene

Kingohusene. 1958-1960.
Court Houses.
Location: Kingosvej, Helsingør.
Architect: Jørn Utzon.
Publication:
Arkitektur 1959/6.

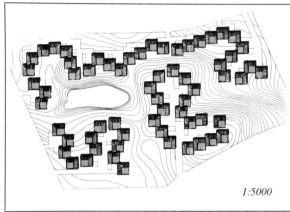

1:5000

1:500

54. Høje Gladsaxe

Boligbebyggelserne Høje Gladsaxe og Albertslund Syd illustrerer yderpunkterne i det industrialiserede byggeri i 60'erne. Men på mange måder er de sammenlignelige. Begge har omkring 2000 lejligheder og den samme bebyggelsesprocent, cirka 34. Høje Gladsaxe er et højhusbyggeri, præget af en høj designmæssig standard, men stærkt kritiseret for sit uniforme udtryk, og mangel på miljøkvaliteter.

Bebyggelsen består af fem parallelt liggende høje boligblokke, og en række lavere. I den østlige ende ligger et servicecenter.

Høje Gladsaxe.
1963-1968.
Location: Gladsaxevej, Gladsaxe.
Architects: Hoff & Windinge, Juul Møller & Agertoft, Alex Poulsen.
Landscaping: Sven Hansen, Morten Klint, Andreas Bruun.
Publ.: Arkitektur 1969/1.

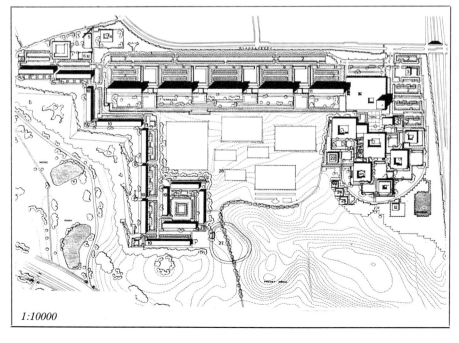

1:10000

■ Although Høje Gladsaxe and Albertslund Syd represent opposite poles of the industrialized building of the 1960s, they are comparable in many ways. Both complexes have about 2000 flats, and both are 34% built-up. Høje Gladsaxe is a highrise complex which despite its high-quality design has been criticised for uniformity and lack of environmental assets.

It consists of five parallel high-rise blocks and a number of low blocks. At the east end there is a small shopping centre, a library, a school, a church, and other cultural facilities.

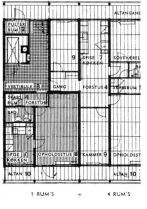

1:400

55. Albertslund Syd

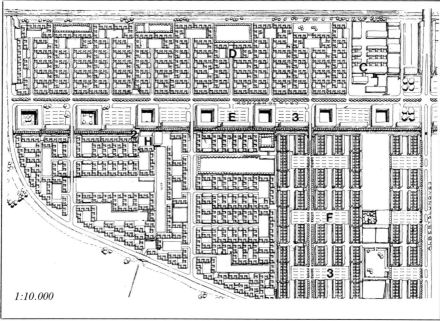

1:10.000

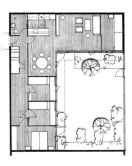

1:400

*Albertslund Syd.
1963-66.
Housing estate.
Location: Albertslund.
Architects: Fællestegnestuen
v/Viggo Møller-Jensen, Tyge
Arnfred, Mogens J. Pedersen
and Jørn Ole Sørensen.
Planning consultants: Peter
Bredsdorff, Knud Svensson
and Ole Nørgaard.
Publication: Arkitektur
1969/1.*

Albertslund Syd er en tæt/lav bebyggelse bestående af enetages vinkelhuse, toetages rækkehuse og treetages karréer. Kvartererne ligger omkring et centralt gangstrøg med en kunstig kanal, der munder ud i et bycenter med en række fællesfaciliteter. Gårdhusenes facader er blevet ændret i 1980 i forbindelse med en ekstra isolering af ydervæggene. De er nu inklædte i eternit.

■ Albertslund Syd is a dense low development comprising one-storey angle houses, two-storey row houses, and three-storey blocks. The neighbourhoods surround a walkway along an artificial canal leading to a town centre with common facilities. The facades of the atrium houses were altered in 1980 in connection with extra insulation.

56. Farum Midtpunkt

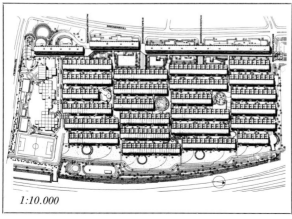

1:10.000

Farum Midtpunkt.
1970-1974.
Housing estate.
Location: Bregnerødvej, Farum.
Architects: Fællestegnestuen by Jørgen Ole Sørensen (A/S Dominia), Viggo Møller-Jensen and Tyge Arnfred.
Landscaping: Ole Nørgaard, Måns Ginman, Søren Harboe
Publication: Arkitektur 1976/1.

57. Gellerupplanen

Gellerupplanen og
Holmstrup Terrasserne.
1967-1972, 1976.
Housing development with
block of flats.
Location: Brabrand, Århus.
Architects: Knud Blach-Pe-
tersen and Mogens Harboe.
Landscaping: Gruppen for
Landskabsplanlægning
Publication: Arkitektur
1974:8, 1976/7.

I begyndelsen af 70'erne vandt en ny etagehustype et kortvarigt indpas i Danmark. Det var terrassehusene. Farum Midtpunkt er den mest bemærkelsesværdige af denne bygningstype. Det omfatter cirka 1500 boliger tæt liggende i treetages blokke med parkering under husene. Boligerne er samlede omkring et overdækket gangstrøg og fællesarealer, og bebyggelsen er præget af en høj beboeraktivitet.

Også i en af tidens største samlede boligbebyggelser, Gellerupplanen i Brabrand ved Århus blev terrassehusene anvendt. Det var de såkaldte Holmstrup terrasser. den sidst opførte del af planen. Samlet omfatter Gellerupplanen cirka 3.000 lejligheder.

■ In the early 1970s, a new multi-storey building type, the terraced house, enjoyed a brief popularity in Denmark. Farum Midtpunkt, the most striking example, comprises about 1500 dwellings set densely in three-storey blocks, with parking beneath the buildings. The dwellings are grouped around a covered passage and common areas. There is a high degree of resident activity.

Terraced houses were also included in one of the period's largest residential developments, Gellerupplanen in Brabrand, near Århus. These were the Holmstrup terraces. In all, Gellerupplanen contains about 3000 flats.

Herunder: Holmstrup Terrasserne.
■ *Below: Holmstrup terraced houses.*

58. Galgebakken, Hyldespjældet. 59. Gadekæret

Galgebakken.
1971-1974.
Housing estate.
Location: Gl. Landevej,
Albertslund.
Architects: J. P. Storgaard &
J. Ørum-Nielsen,
Hanne Markussen and
Hanne Ørum-Nielsen.
Landscaping: Jørgen
Vesterholt.
Publication: Arkitektur
1974/3.

Hyldespjældet.
1976.
Housing estate.
Location: Herstedvestervej,
Albertslund.
Architect: Ole Asbjørn Birch.
Landscaping: Andreas
Bruun.
Publication: Arkitektur
1977/8.

Boligbebyggelsen
Gadekæret.
1975-1979.
Housing estate.
Location: Ishøj Boulevard/
Ishøj Stationsvej, Ishøj.
Architects: Kooperativ
Byggeindustri A/S (KBI).
Publication: Arkitektur
1977/8.

Reaktionen imod de uniforme montagebyggerier satte for alvor ind i begyndelsen af 70'erne. Kodeord blev tæt/lav bebyggelse, mindre enheder, variation og oplevelsesrigdom. Boligbebyggelserne Galgebakken og Hyldespjældet i Albertslund, samt Gadekæret i Ishøj betegner en udviklingsrække, hvor bebyggelserne langsomt frigøres fra et skematisk udgangspunkt imod et mere dynamisk formet bybillede. Det måske mest vellykkede, Hyldespjældet, har et meget stort antal elementvarianter, og i så få enheder, at det tidligere ville have været uhørt.

■ A strong reaction against uniform industrialized building set in at the beginning of the 1970s. The new ideals were dense low building, small units, variation, and experiential diversity. The housing developments Galgebakken and Hyldespjældet in Albertslund mark a gradual liberation from a schematic towards a dynamic townscape. Hyldespjældet, perhaps the most successful, includes an unprecedented variety of elements within a very few units.

Herunder: Hyldespjældet
■ *Below: Hyldespjældet*

60. Tinggården

Som følge af den voldsomme kritik af de uniforme og skematiske etagehusbebyggelser udskrev Statens Byggeforskningsinstitut i 1971 en konkurrence om tæt/lavt boligbyggeri. Vinderne blev en gruppe unge arkitekter, der med en beboergruppe fik mulighed for at viderebearbejde forslagets idéer om brugerindflydelse og beboermedbestemmelse. Boligbebyggelsen Tinggården blev resultatet af dette udviklingsarbejde, der trods kompromiser anviser en mulighed for at forny boligformen. Bebyggelsen er grupperet i små enheder omkring fællesområder, hver enhed har eget fælleshus. Det store forsamlingshus danner centrum i anlægget.

Boligbebyggelsen Tinggården. 1978 Housing estate. Location: Tinggården, Herfølge. Architects: The design group »Vandkunsten«, Svend Algren, Jens Thomas Arnfred, Michael Sten Johnsen, Steffen Kragh and Carsten Vibild. Publication: Arkitektur 1979/6.

■ As a result of the harsh criticism of uniform and schematic multi-storey developments, the Danish Building Research Institute issued a competition on dense low housing in 1971. The winners were a group of young architects who collaborated with a group of residents in developing their ideas of user influence and resident democracy in a realistic housing project. Tinggaarden is the result of long planning which despite compromises indicates the possibility of renewing housing forms. The complex consists of small units, each with its own community house, grouped around common areas. A large assembly house forms the centre of the complex.

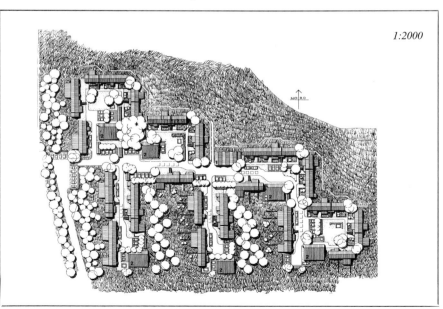

1:2000

61. Bolig- og institutionsbyggeri, Solbjerg Have, Frederiksberg

Billedrigdom og kompleksitet blev nøgleord for de sene 70'eres boligbebyggelser. Ofte var billederne hentet fra kendte miljøer. Men boligbebyggelsen på Finsensvej på Frederiksberg er et byggeri uden forbilleder i fortiden. Her er skabt en hybrid form imellem det tæt/lave byggeri og etagehusene. En seksetages randbebyggelse omslutter et indre gårdrum med lavere bygninger, boliger, plejehjem, beskyttede boliger og institutioner. De høje huse trappes ned imod gården, og bebyggelsen rummer en mangfoldighed, der gør den til et fremragende alternativ til de tæt/lave bebyggelser. Hovedkonstruktionen er udkragede, søjlebårne betondæk, hvorpå de lette facader er opstillet.
■ Rich imagery and complexity became key terms for the housing projects of the late 1970s. Unlike many other housing developments, the one on Finsensvej in Frederiksberg is not based upon models from the past. It is a hybrid form, consisting of dense low building and multi-storey structures. A six-storey marginal building encloses an interior court with low buildings. The highrise buildings are stepped down to the court. With its diversity, the complex offers an excellent alternative to dense low housing.

Bolig og institutionsbyggeriet ved Solbjerg Have, Frederiksberg.
1977-1980.
Housing scheme and institutions.
Location: Laurits Sørensens Vej/Solbjerg Have/ Finsensvej, Frederiksberg.
Architects: Fællestegnestuen ApS, Jørgen Ole Sørensen, Viggo Møller-Jensen and Tyge Arnfred.
Landscaping: Harboe, Ginman and Borup.
Publication: Arkitektur 1980/7.

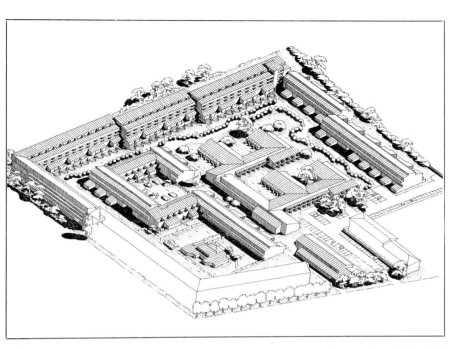

62. Byfornyelse – Rigensgadekvarteret, København

I slutningen af 70'erne skete et radikalt skifte i kommunernes saneringspolitik. Tidligere havde man totalsaneret. Det gamle blev revet ned og erstattet af nyt. Man var nu opmærksom på, at de historiske omgivelser burde respekteres, og begrebet bevarende sanering blev introduceret. Allerede i midten af 70'erne blev disse idéer praktiseret ved saneringen af Rigensgadekvarteret i København. Det er en blanding af bevarende sanering og totalsanering. Men de nye huse er i skala og udtryk tilpasset det gamle Nyboder, der oprindelig strakte sig helt op til Rigensgade. Forskellige arkitekter har medvirket, Erik Møller ved saneringen af Rosengade og Fredericiagade. KBI ved boligbebyggelsen i Olfert Fischersgade, og Ib og Jørgen Rasmussen ved boligbebyggelsen Kaysergården og et plejehjem.

■ In the late 1970s, municipal slum clearance policies changed radically. Formerly, old neighbourhoods had been entirely torn down and replaced by new ones, but now a respect developed for historic environments. »Preservative redevelopment« was introduced. Preservation and condemnation were combined already in the mid-1970s in the Rigensgade quarter in Copenhagen. The new houses are adapted in scale and appearance to the nearby Nyboder section.

Architects: Erik Møller, for redeveloping Rosengade and Fredericiagade. KBI (Cooperative Building Industry) for the housing project on Olfert Fischersgade; and Ib and Jørgen Rasmussen for the housing complex Kaysergaarden and the nursing home Nybodergaarden.

Restaurering af huse i Rosengade og Fredericiagade, plejehjemmet Rosengården. 1780-1820/1974-75 and 1980-82.
Restoration and nursing home.
Location: Rosengade and Fredericiagade, København.
Architect: Erik Møller.
Publication: Arkitektur 1976/1.

Kayser- og Nybodergården. 1976.
Housing and nursery home.
Location: Kronprinsessegade/Suensonsgade, København.
Architects: Ib & Jørgen Rasmussen.
Publication: Arkitektur 1977/8.

1

Urban renewal

1, 3. Kayser- og Nybodergården
2. Rosengade

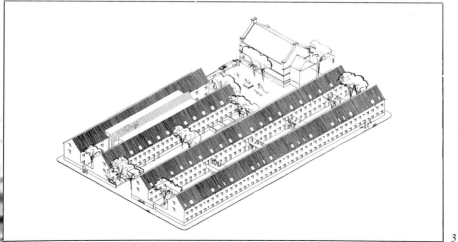

63. Bybevaring i Helsingør

I den økonomiske opgangsperiode i 50'erne og begyndelsen af 70'erne skete en omfattende nedbrydning af en række danske byer. Karakteristisk blev bykernerne omdannet til driftige handelscentre, medens byvæksten i udkanterne var præget af uniforme parcelhusområder, etagehusbebyggelser eller industrikvarterer. Men i visse kommuner valgte man at fastholde den eksisterende by's kvaliteter. Det gjaldt blandt andet Helsingør, hvor der blev anlagt et aflastningscenter for den gamle bymidte. Samtidigt begrænsede man handels- og kontorvirksomhedens udvikling, og vægten blev i stedet lagt på en bevarende, boligorienteret politik. Herved er den gamle by- og bygningsstruktur fastholdt, og Helsingør er i dag et af de smukkeste og mest velbevarede provinsmiljøer i Danmark.
■ The economic boom from the 1950s till the early 1970s witnessed the disintegration of many Danish towns. Often the town centre was converted to a bustling shopping centre, while on the town periphery uniform neighbourhoods of single-family houses, multi-storey complexes, and industrial areas grew up. But certain municipalities chose to maintain the virtues of the existing town. In Elsinore, a centre was built to relieve the old town centre. The growth of trade and business was limited to encourage preservation and housing. Thus the old town and its architectural structure have been retained, making Elsinore one of the loveliest and most well-preserved provincial towns in Denmark.

Bevaringsaktiviteter i Helsingør. Status 1979. Sort markerer istandsættelser.
■ *Preservation activities in Helsinore. Status 1979. Black marks indicate restorations.*

63. Urban Preservation in Helsinore

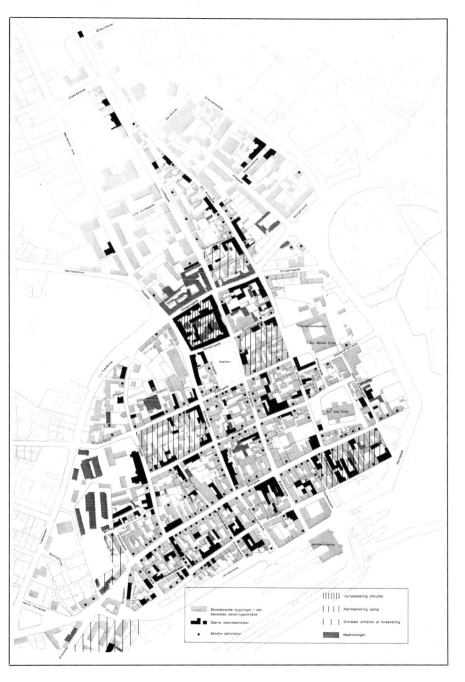

64. Bybevaring i Ribe

Ribe var et af vikingetidens vigtigste handelscentre. Omkring 1200 var den kongeresidens, og i den tidlige middelalder en vigtig søhandelsby. I dag bor her ca. 8000 mennesker.

Ribe er en af de bedst bevarede middelalderbyer i Danmark. Allerede 1899 stiftedes Ribe Turistforening med hovedformålet at bevare det historiske præg. I 1918 blev 100 huse fredet, og 1963 blev samtlige 550 ejendomme i den gamle bydel tinglyste, således at byrådet kan forlange, at bygningernes ydre fremtræden bevares. I 1969 blev bevaringsplan for Ribe vedtaget. Kommunen yder tilskud til forbedringer.

■ Ribe was one of the main Viking Age trading centres. About 1200 it was the royal residence, and in the early Middle Ages it was an important town for maritime trade. Today there are about 8000 inhabitants.

Ribe is one of the best preserved medieval towns in Denmark. In 1918, 100 houses were protected, and in 1963, all 550 buildings in the old quarter were registered so that the town council can ensure the preservation of their exteriors. In 1969, the preservation plan for Ribe, providing for municipal support for improvements, was passed.

Bevaringsplan for det centrale Ribe.
■ *Guiding preservation plan for Ribe, central part.*

64. Urban Preservation in Ribe

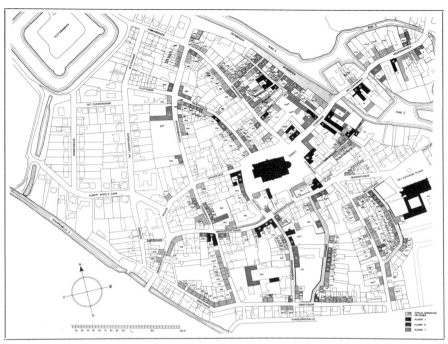

65. Bybevaring i Dragør

Dragør på Amager cirka 12 km syd for København var i midten af 1700'tallet den næststørste havneby i Danmark.
Så sent som ved århundredskiftet var skibsfart og lodsvirksomhed byens største indtægtskilde. Men med dampskibene og hovedstadens nærhed blev Dragør udkonkurreret, og i stedet i en periode yndet turistudflugtssted for københavnerne. I dag arbejder de fleste beboere i København.

Dragør gamle bydel består i hovedsagen af 325 lave grundmurede huse med røde tegltage der følger det øst-vestgående gademønster. Karakteristisk er det usymmetriske gadebillede. Gadernes nordfacader er haver begrænset af plankeværker, sydfacaderne er sammenbyggede huse, husrækker.

I modsætning til andre kulturhistorisk værdifulde byer har man valgt at undlade at udarbejde en bevaringsplan. Derimod har man gennem fredning af huse, ved byplanvedtægter samt regulering af trafikken forsøgt at undgå ændringer i den gamle bymidte. Væsentligst er, at kommunen har forsøgt at motivere borgerne og håndværkere for en nænsom behandling af den gamle by. Man er opmærksom på, at selv de mest detaljerede forskrifter ikke sikrer en kvalitetsbevidst bevaringsindsats.

Dragør har ikke udarbejdet en bevaringsplan, men derimod reguleres bebyggelsen gennem særlige bestemmelser.

- *Dragør has no guiding preservation plan. Instead changes are avoided through regulations.*

- In the mid-18th century, Dragør on Amager, about 12 km south of Copenhagen, was the second largest harbour town i Denmark. At the turn of the century, shipping and pilotage service provided the major source of income. However, Dragør was later outstripped by Copenhagen and instead became a popular tourist attraction. Today most of the inhabitants work in Copenhagen.

The old centre of Dragør consists mainly of 325 low brick houses with red tile roofs, oriented east-west. The north sides of the asymmetrical streets are gardens enclosed by hoarding, and the south sides are continuous rows of houses.

In contrast to other towns of cultural and historical significance, there is no guiding preservation plan. Instead, changes in the old town centre have been avoided through the scheduling of houses, regulations, and control of traffic.

Above all, the municipality has sought to motivate its citizens and craftsmen to treat the old section with care, as not even the most detailed plans can ensure qualitative preservation.

65. Urban Preservation in Dragør

66. Bybevaring i Svaneke

Havnebyen Svaneke på Bornholm har cirka 1200 indbyggere, hovedsageligt beskæftiget ved fiskeri, håndværk og handel. Den industrielle udvikling, som var så indgribende i mange andre byer, blev Svaneke forskånet for. Resultatet var, at byen frem til 1950 fremstod som en uberørt lille provinsby. De fleste huse er opført efter 1750, overvejende i bindingsværk.

I 1944 blev byforeningen Svanekes Venner dannet. I 1960 indledtes et formaliseret bevaringsarbejde. Kommunen udarbejdede i samarbejde med Nationalmuseet en bevaringsplan (1967). På dette grundlag blev alle huse tinglysningsdeklarerede. Ændringer af bygningernes ydre skulle herefter godkendes af kommunen, bevaringsudvalget, som også tager stilling til nybyggeri.

Teknisk forvaltning har udarbejdet tegninger til typiske fyldingsdøre, vinduestyper, skorstene o.s.v. Byforeningen har opkøbt gamle tagsten, som sælges til husejerne. Yderligere er oprettet en bevaringsfond. 90 pct af husene var i 1981 i tidssvarende standard med bad, centralvarme, køkken og isolering.

Svaneke blev i 1975 tildelt den europæiske guldmedalje for bybevaring.

66. Urban preservation in Svaneke

■ The small harbour town of Svaneke on Bornholm has about 1200 inhabitants, mainly engaged in fishing, crafts, and trade. Up to 1950, the town remained unspoiled by industrialization.

Most of its houses were built after 1750, in the half-timbered style.

In 1944 a committee of the friends of Svaneke was formed. In 1960 the preservation efforts were formalised. The municipality in collaboration with the National Museum drew up a plan of preservation, 1967. On this basis all the houses were registered.

Henceforth, exterior changes are to be approved by the municipality, the preservation committee, that also approves new building.

The technical administration has drawn up plans for typical panelled doors, window types, chimneys, etc. The town association sells old roofing tiles to houseowners. Moreover, a preservation fund has been established.

In 1981, 90% of the houses met modern standards with a bath, central heating, kitchen, and insulation.

In 1975 Svaneke was awarded the European gold medal for urban preservation.

Tallene refererer til den illustrerede omtale

Seværdige bygninger – København og Sjælland

Public buildings

3. Politigården i København, police headquarters

Gladsaxe Rådhus, town hall, Kontorvej 1, Gladsaxe.
Built: 1937. Arkitekten M 1941, p. 121.
Architect: Vilhelm Lauritzen.

Lyngby Rådhus, town hall, Lyngby Torv.
Built: 1938-41. Arkitekten M 1943, p. 43.
Architects: Hans Erling Langkilde and Ib Martin Jensen

Søllerød Rådhus, town hall, Øverødvej 2, Holte
Built: 1942. Arkitekten M 1943, p. 29.
Architects: Arne Jacobsen and Flemming Lassen

10. Rødovre Rådhus, town hall

Tårnby Rådhus, town hall, Amager Landevej 74, Kastrup
Built: 1958-59. Arkitektur 1960/4
Architects: Halldor Gunnløgsson and Jørn Nielsen

Amtsgården i Roskilde, county administration building, Køgevej 80, Roskilde.
Built: 1974-76. Arkitektur 1980/5.
Architect: Knud Munk.

Høje Tåstrup Rådhus, town hall, Bygaden 2, Tåstrup.
Built: 1978-82. Arkitektur 1982/2.
Architect: Rob. E. Rasmussen.

31. Kalundborghallen, sportscentre

33. Køge Rådhus, udvidelse, town hall, extension

37. Birkerød Rådhus og Bibliotek, town hall and library

Commercial buildings

5. Kødbyen, meat market

Lyngby Storcenter, shopping center, Klampenborgvej 230, Lyngby.
Built: 1970-73
Architects: Krohn & Hartvig Rasmussen

A. Jespersen & Søn, office building, Nyropsgade 18, København
Built: 1955. Arkitektur 1958/4
Architect: Arne Jacobsen

F. L. Smidth & Co. A/S, office building.
Vigerslev Allé 77, Valby
Built: 1954-56. Arkitektur 1958/2
Architect: Palle Suenson

Smedenes Hus, Dansk Metalarbejderforbunds bygning, headquarters of a trade union, Nyropsgade 38, København
Built: 1968-73. Arkitektur 1973/3
Architect: Ole Buhl

Pressens Hus, house of the press association, Skindergade 5, København.
Built: 1974. Arkitektur 1976/2.
Architects: Juul Møller, Erik Korshagen.

Industriens Hus, house of industry, H. C. Andersens Boulevard 18, København.
Built: 1978-80. Arkitektur 1981/1.
Architects: Erik Møllers Tegnestue A/S.

Banks

Bikuben, savings bank, Silkegade 8, København
Built: 1958
Architect: Poul Kjærgaard and associates

19. Danmarks Nationalbank, the Danish National Bank

Den Danske Bank i Bremerholm, bank, Bremerholm, København
Built: 1975-77. Arkitektur 1978/4
Architects: Tyge Holm & F. Grut

Numbers refer to illustrated mentioning

Notable buildings – Copenhagen and Surroundings

Transport buildings

Copenhagen Airport, Lufthavnsvej, Kastrup
Built: 1957-60, 1. extension: 1968-71. Arkitektur 1961/5
Architects: Vilhelm Lauritzen in co-operation with Mogens Boertmann, Jørgen Anker Heegaard and Helge H. Hoppe

Københavns Lufthavn, Roskilde, airport, Tune, Roskilde.
Built: 1971-72. Arkitektur 1974/5.
Architect: Knud Peter Harboe

Hareskovbanens stationer, railroad stations, København.
Built: 1977. Arkitektur 1978/1.
Architects: DSB's Arkitektkontor.

Københavns Hovedbanegård, Copenhagen central station, renovation, Bernstorffsgade, København.
Built: 1904-11. Restoration: 1978-.
Arkitektur 1980/2.
Architects: Dissing + Weitling.

Factories

Toms Fabrikker A/S, factory, Ringvej B4/Ballerup Byvej, Ballerup
Built: 1961. Arkitektur 1962/6
Architect: Arne Jacobsen

Transformer station, Bremerholm, København
Built: 1963. Arkitektur 1964/3 and 1972/4
Architects: F. C. Lund and Hans Chr. Hansen

Carlsberg Brewery, extension of bottling plant, Vesterfælledvej 100, København
Built: 1967-68. Arkitektur 1970/5
Architect: Svenn Eske Kristensen

Pharmacia A/S, drugs factory, Herredsvejen, Hillerød
Built: 1968. Arkitektur 1971/2
Architect: Knud Peter Harboe

Novo Industri A/S, industrial buildings, Hillerødgade 42, København
Built: 1934-69. Arkitektur 1969/3
Architect: Arne Jacobsen

Hørsholm Forbrændingsanstalt og Fjernvarmecentral, incinerator plant and district heating plant, Håndværkersvinget, Hørsholm
Built: 1967-69. Arkitektur 1971/6
Architects: Gunnar Jensen and Finn Monies

Porcelainsfabrikken Bing & Grøndal, extension of porcelain factory, Vesterbrogade 149, København.
Built: 1973/1977. Arkitektur 1978/7.
Architect: Knud Peter Harboe.

Amagerværket, combined power and heating station, Forlandet, Sundby.
Built: 1966-72. Arkitektur 1973/3.
Architects: Jørgen Maglebye, Niels Erik Gottlieb & Børge Høgsted

Kastrup og Holmegaards Glasværker A/S, glass-works, Fensmark, Næstved
Built: 1972. Arkitektur 1973/3
Architect: Svenn Eske Kristensen

Kloakpumpestation ved Svanemøllen, sewage pumping station, Strandvænget 30, København Ø.
Built: 1977. Arkitektur 1978/1.
Architects: Stadsarkitektens direktorat i København.

Renseanlæg Lynetten, sewage treatment plant, Refshalevej 250, København
Built: 1973-80. Arkitektur 1981/5
Architects: Stadsarkitektens direktorat v/stadsarkitekt Eivind Lorenzen og vicestadsarkitekt M. Lillie

Hospitals and social welfare buildings
Socialcenter, administrative building and

København og Sjælland

collective house, Strandboulevarden 127, København
Built: 1954. Arkitekten M 1956/11-12
Architect: Kay Fisker

Københavns Amts Sygehus, hospital, Nordre Ringvej, Glostrup
Built: 1956. Arkitekten M 1951/7, Arkitekten 1959/4
Architects: Martta and Ragnar Ypyä and Veikko Malmio

Ringbo, nursing home for elderly psychiatric persons, Granvej 14, Bagsværd
Built: 1963. Arkitektur 1964/6 and 1972/4
Architects: F. C. Lund and Hans Chr. Hansen

Lillemosegård, hospital for mentally retarded persons, Buddingevej 163, Søborg
Built: 1963. Arkitektur 1964/6
Architects: Erik Ejlers and Henning Graversen

Hellebo and Birkebo, nursing home flats and service blocks of flats, Gl. Hellebækvej, Helsingør
Built: 1966-70. Arkitektur 1971/4
Architects: Halldor Gunnløgsson and Jørn Nielsen

Ordrup Vænge, nursing home and terrace houses for pensioners. Ordrup Vænge, Charlottenlund
Built: 1969. Arkitektur 1973/1
Architects: Erik Ejlers and Henning Graversen

Rigshospitalet, hospital, Blegdamsvej 9, København
Built: 1970
Architects: K. Boeck-Hansen and J. Stærmose

Bystævneparken, nursing home and theraphy, Bystævnet, København.
Built: 1970-73. Arkitektur 1975/7.
Architect: Viggo S. Jørgensen, Stadsarkitektens Direktorat i København.

Montebello, theraphy and patients' section, Gurrevej, Helsingør.
Built: 1972-74. Arkitektur 1975/6.
Architects: Hoff & Windinge I/S

Solgaven, nursing home, Stavnsholtvej 184, Farum.
Built: 1973-74. Arkitektur 1975/7.
Architects: Palle Suensons Tegnestue A/S.

Plejehjemmet Benediktehjemmet, nursing home, Asminderød.
Built: 1973. Arkitektur 1975/1.
Architects: Bornebusch & Selchau v/Gehrdt Bornebusch.

Bryggergården, housing and institutions, Vester Fælledvej, København.
Built: 1974-75. Arkitektur 1975/6.
Architect: Arkitektfirmaet Poul Kjærgaard.

Københavns kommunes hospital i Hvidovre, hospital, Kettegård Alle 30, Hvidovre.
Built: 1968-75. Arkitektur 1975/8.
Architects: E. Hartvig Rasmussen, Krohn & Hartvig Rasmussen

18. Københavns Amtssygehus i Herlev, Copenhagen County Hospital

Omsorgscentret Møllegården, care centre, Bagsværd Møllevej 9, Gladsaxe.
Built: 1976-77. Arkitektur 1978/6.
Architects: Ejlers and Graversen.

Frederiksborg Amtssygehus, Helsingør. hospital, Esrumsvej, Helsingør.
Built: 1970-76. Arkitektur 1978/2.
Architects: I/S Salling Mortensens Tegnestue.

Copenhagen and Surroundings

Børneinstitution, childrens institution, Kastelsvej, København.
Built: 1979. Arkitektur 1980/8.
Architects: Stadsarkitektens Direktorat.

Strandlund, houses for elderly, Strandvejen 146, Charlottenlund.
Built: 1980. Arkitektur 1981/3-4.
Architects: Hvidt & Mølgaard.

Hareskovbo, nursing home, Bagsværdvej 248, Bagsværd.
Built: 1978. Arkitektur 1981/3-4.
Architects: Hvidt & Mølgaard.

Rygårdscentret, nursing home and sheltered dwellings, Niels Andersensvej 22, Hellerup.
Built: 1978-79. Arkitektur 1981/7.
Architects: Ejlers & Graversen.

Fritidshjem og fritidscenter i Ordrup, centre for after school activities, Ejgårdsvej 18, Charlottenlund.
Built: 1977-80. Arkitektur 1981/3-4.
Architects: Marianne Ingvartsen and Ole Ramsgaard Thomsen.

Hotels and restaurants
SAS Royal Hotel, hotel and air terminal, Hammerichsgade 1, København
Built: 1959. Arkitektur 1959/2, Arkitektur 1960/6
Architect: Arne Jacobsen

71 Nyhavn Hotel, hotel and restaurant, Nyhavn 71, København
Built as warehouse in 1805. Reconstructed and converted into a hotel: 1970-71. Arkitektur 1972/6
Architects for reconstruction: Flemming Hertz and Ole Ramsgaard Thomsen

Buildings for public entertainment
Det Kgl. Teater, Ny Scene, »Stærekassen«, theatre, Kongens Nytorv 9.
Built: 1929-31. Arkitekten M 1931.

Architect: Holger Jacobsen. Decoration: Einar Nielsen

6. Radiohuset, Rosenørns Alle, Broadcasting building.

Virumhallen, sports hall, Grønnevej 20, Virum
Built: 1968. Arkitektur 1969/2
Architects: Gunnar Jensen and Finn Monies

Rundforbi Stadion, swimming baths and sports hall, Egebækvej 118, Nærum
Built: 1970. Arkitektur 1971/4
Architects: Claus Bremer and Ole Helweg

14. Kildeskovhallen, swimminghall

Idrættens Hus, congress and lectures centre, Gildhøj, Brøndbyvester, København.
Built: 1970-74. Arkitektur 1975/8.
Architects: Tarquini Mårtensson og Mikael Tarp Jensen.

Bella Center, exhibition centre, Center Boulevard, København.
Built: 1973-75. Arkitektur 1976/5.
Architect: Ole Meyer.

Svømmehal i Greve, swimming hall, Holmagervej, Greve Strand.
Built: 1977-78. Arkitektur 1978/7.
Architects: Hougaard Nielsen & Nørgaard Petersen.

Lyngby Svømmehal, swimming hall, Lundtoftevej 53, Lyngby.
Built: 1976-77. Arkitektur 1978/7.
Architects: Krohn & Hartvig Rasmussen.

Klubhus, clubhouse, Rungsted Havn.
Built: 1979-80. Arkitektur 1980/7.
Architect: Harald Grut and Søren Borg Nielsen.

København og Sjælland

Hareskovhallen, sportscentre, Månedalstien 8, Hareskovby.
Built: 1979. Arkitektur 1981/3-4.
Architects: Ole Parks Tegnestue.

Glostrup svømmehal og fritidscenter, swimming hall and recreation centre, Christiansvej, Glostrup.
Built: 1979-80. Arkitektur 1981/5.
Architects: Jens Madsen + Ebbe Melgård Aps.

Farum Svømmehal, swimming hall, Ryttergårdsvej 202, Farum.
Built: 1978-79. Arkitektur 1981/3-4.
Architects: Knud Holscher and Svend Axelson, Krohn & Hartvig Rasmussen.

Ecclesiastical architecture
2. Grundtvigskirken. På Bjerget, church and housing estate.

Søndermarkens Kapel og Krematorium. chapel and crematorium, Roskildevej 59-61, Valby.
Built 1927-30. Arkitekten M 1930, p. 53.
Architects: Frits Schlegel and Edvard Thomsen. Decoration: E. Utzon-Frank.

Bethlehemskirken, lutheran church, Åboulevarden 8, København
Built: 1937
Architect: Kaare Klint

Skt. Knud Lavard Kirke, roman catholic church, Lyngbygårdsvej 1, Lyngby
Built: 1956-67. Arkitektur 1958/3
Architect: Carl R. Frederiksen

Skt. Nikolaj Kirke, roman catholic church, Strøbyvej 2, Hvidovre
Built: 1960. Arkitektur 1960/5
Architect: Johan Otto von Spreckelsen

Stengård Kirke, lutheran church, Gammelmosevej, Gladsaxe.
Built: 1962. Arkitektur 1963/4

Architects: Rolf Graae and Vilhelm Wohlert

Krematorium og Kapelanlæg, crematory and chapel, Lyngby Parkkirkegård, Lyngby
Built: 1966. Arkitektur 1967/5
Architects: Henrik Iversen and Harald Plum

Præstebro Kirke, lutheran church, Tornerosevej, Herlev
Built: 1965-69. Arkitektur 1971/1
Architects: Inger and Johannes Exner

Tagensbo Kirke, lutheran church, Landsdommervej 35, København
Built: 1966-70. Arkitektur 1972/4
Architect: Hans Chr. Hansen

Buddinge Kirke, lutheran church, Buddingevej, Søborg
Built: 1967-70. Arkitektur 1971/1
Architects: Ib and Jørgen Rasmussen, Ole Meyer

29. Bagsværd Kirke, church

Buildings for education, science, art etc.
4. Øregaard Gymnasium, grammar school

Munkegårdsskolen, school, Vangedevej 178, Søborg
Built: 1952-56. Arkitektur 1957/1
Architect: Arne Jacobsen

Hanssted Skole, school, Rødbyvej 2, Valby
Built: 1954-58. Arkitektur 1960/3 and 1972/4
Architects: F. C. Lund and Hans Chr. Hansen

Vangeboskolen, school, Vangeboled 9, Holte
Built: 1957-60. Arkitektur 1961/2

Copenhagen and Surroundings

Architects: Gehrdt Bornebusch, Max Brüel, Henning Larsen and Jørgen Selchau

11. Rødovre Bibliotek, library

12. Louisiana, museum of art

13. LO-skolen, conference centre

Kollegieskole for Forsvarets Lægekorps, college school, Jægersborg
Built: 1963-66. Arkitektur 1967/3
Architect: Holger Sørensen in cooperation with Bent Wågepetersen and Bjørn Børjeson

Det Sjællandske Landsarkiv, Zealand Archives, Jagtvej 10, København
Built: 1966. Arkitektur 1967/6
Architects: Eva and Nils Koppel

Blaagaard Seminarium and Enghavegård Skole, teacher's training college and school. Nordre Bystævne 3-5 Søborg
Built: 1962-66. Arkitektur 1969/2
Architects: Jørgen Bo, Karen and Ebbe Clemmensen

TV-byen, television center, Mørkhøjvej 170, Søborg
Built: 1. stage 1960-65, 2. stage 1966-72.
Architects: Vilhelm Lauritzen in co-operation with Mogens Boertmann, J. Anker Heegaard and Helge Hoppe

Danmarks tekniske Højskole, technical university, Lundtoftevej 100, Lyngby
Built: 1959-69. Arkitektur 1968/1, 1974/6
Architects: Eva and Nils Koppel

Statens Museum for Kunst, arts museum, Sølvgade, København
Built: 1888-95. Architect: Vilhelm Dahlerup
Interior reconstructed: 1969-70. Arkitektur 1970/4.

Architect for reconstruction: Nils Koppel of Koppel, Koppel, Edstrand, Thyrring

Køge Gymnasium, grammar school, Køge
Built: 1964. Arkitektur 1965/6
Architects: Nils Andersen, Salli Besiakov and Andreas Heiberg

Holbæk Seminarium, teachers' training college, Holbæk
Built: 1967. Arkitektur 1968/6
Architects: Gehrdt Bornebusch, Max Brüel and Jørgen Selchau

Højstrupgård, conference and training centre, Ejler Jensens Vej, Helsingør
Built: 1965-66. Arkitektur 1970/2
Architects: Jarl Heger, Karen and Ebbe Clemmensen

Vikingeskibshallen, museum of viking ships excavated underwater, Strandengen (at the harbour), Roskilde
Built: 1967-68. Arkitekten 1963/13
Architect: Erik Chr. Sørensen

Solvangskolen, school, Nordtoftevej 58-60, Farum
Built: 1963-70. Arkitektur 1971/4
Architects: Ole Meyer, Ib and Jørgen Rasmussen

Klarskovgård, training centre, Korsør
Built: 1968-70. Arkitektur 1971/1
Architects: Viggo Møller-Jensen and Tyge Arnfred

40. Frederiksværk Amtsgymnasium, grammar school.

Skovlyskolen, school. Borgmester Schneiders Vej 40, Gl. Holte
Built: 1970
Architects: Knud Munk, Halldor Gunnløgsson and Jørn Nielsen

København og Sjælland

Københavns Dag- og Aftenseminarium, teacher's training college, Bybjergvej, Ballerup
Built: 1968-72. Arkitektur 1973/4.
Architects: Viggo Møller-Jensen and Tyge Arnfred

Hyldagerskolen, school, Vridsløsestræde, Albertslund.
Built: First stage 1971-72. Arkitektur 1975/5
Architects: Leif Eriksen and Vagn Thorsmark

Teknologisk Institut, technological institute, Gregersensvej/Roskildevej, Høje Tåstrup.
Built: 1970-73, 1976. Arkitektur 1973/6, 1978/6.
Architect: Vilhelm Wohlert.

Uglegårdsskolen, primary school, Vestre Grænsevej 32, Solrød Strand.
Built: 1972-74. Arkitektur 1974/2.
Architects: Halldor Gunnløgsson and Jørn Nielsen.

Peder Lykke Skolen, primary school, Brydes Allé 25, København S.
Built: 1972-74. Arkitektur 1975/5.
Architects: Hougaard Nielsen & Norgaard Petersen.

Nulenergihus, zero-energy house, Nordvej, Danmarks Tekniske Højskole, Lyngby
Arkitektur 1976/1.
Architects: Knud Peter Harboe og Søren Koch.

Amtsgymnasiet i Greve, grammar school Holmagervej 4, Greve Strand.
Built: 1973-74. Arkitektur 1976/2.
Architects: Arkitektfirmaet Skaarup & Jespersen.

Københavns Universitet, Panum Institut, medical school, Blegdamsvej 3, København. Built: 1971. Arkitektur 1976/6.
Built: 1971. Arkitektur 1976/6.
Architects: KKET, Eva og Nils Koppel, Gert Edstrand, Poul Erik Thyrring.

Carlsberg Forskningscenter, research centre, Gammel Carlsberg Vej 4-6, København.
Built: 1974-76. Arkitektur 1977/3.
Architects: Jørgen Buschardt

Endrupskolen primary school, Endrupvej, Fredensborg.
Built: 1978. Arkitektur 1979/3.
Architect: Peter L. Stephensen.

Vibenshus Skole, extension of a school, Kertemindegade 10, København.
Built: 1977-80. Arkitektur 1980/8.
Architect: Stadsarkitektens Direktorat.

Nationalmuseets middelaldersamling, medevial collection, Frederiksholms Kanal 12, København.
Rearrangement: 1980-81. Arkitektur 1981/6. Architect: Jørgen Bo.

Johannesskolen, school, Troels Lunds Vej 15, Frederiksberg.
Built: 1980-81. Arkitektur 1982/1.
Architect: Ulrik Bretton-Meyer.

Helsinge Amtsgymnasium, grammar school, Helsinge.
Built: 1980-81. Arkitektur 1981/8.
Architects: Dall & Lindhardtsen.

Stenløse Amtsgymnasium, grammar school, Gymnasievej 1, Stenløse.
Built 1980-81. Arkitektur 1982/1.
Architects: Skaarup & Jespersen.

38. Stenvadskolen, primary school.

42. Amtsgymnasium i Høje Tåstrup,

Copenhagen and Surroundings

Housing
43. Bakkehusene ved Bellahøj, terrace houses.

44. Hornbækhus, block of flats.
45. Bella Vista, boligbebyggelse, blocks of flats.
46. Blidah Park, stokbebyggelse, blocks of flats.

Åboulevarden 84-86, block of flats,
Åboulevarden 84-86, København.
Built: 1930-31. Arkitekten M 1944, p. 7.
Architect: Povl Baumann.

Storgaarden, block of flats, Tomsgårdsvej 78-110, København.
Built: 1935. Arkitekten M 1939, p. 57.
Architects: Povl Baumann and Knud Hansen. Landscaping architect: C. Th. Sørensen.

Klokkergaarden, housing development, Birkedommervej 70-86, Skoleholdervej 47-61, København.
Built: 1939. Arkitekten U 1938, p. 167-68.
Architects: Povl Baumann and Knud Hansen. Landscaping architect: C. Th. Sørensen.

47. Vestersøhus, block of flats
48. Bispeparken, housing estate
49. Atelierhusene, terrace houses
50. Søndergaard Park, housing estate
51. Bellahøj, multistorey houses.
52. Søholm, terrace houses
53. Kingohusene, terrace houses
54. Høje Gladsaxe, housing estate.
55. Albertslund Syd, housing estate
56. Farum Midtpunkt, housing estate
58. Galgebakken, Hyldespjældet, housing estates.
59. Gadekæret, housing estate

Høje Søborg, collective house, Søborg Torv, Søborg

Built: 1951. Arkitekten M 1952/12
Architects: Povl Ernst Hoff and Bennet Windinge

Carlsro, housing estate, Tårnvej, Vanløse
Built: 1957
Architects: Knud Thorball, Magnus Stephensen, Mogens Jacobsen and Alex Poulsen

Bredalsparken, housing estate, Hvidovrevej 294-334, Hvidovre
Built: 1949-59. Arkitekten M 1955/9
Architect: Svenn Eske Kristensen

Nærumvænge, housing estate, Skodsborgvej/Nærumvænge, Nærum
Built: 1950-59
Architect: Palle Suenson

Houses at Piniehøj, Rungsted
Built: 1961. Arkitektur 1963/5
Architects: Jørgen Bo and Vilhelm Wohlert

Terrasserne, terrace-houses with club centre, Helsingørvejen/Slotsgade, Fredensborg
Built: 1962-63. Arkitektur 1964/4
Architect: Jørn Utzon

Terrace-houses at Stampedammen, Usserød
Built: 1965. Arkitektur 1966/3
Architects: Carl R. Frederiksen, Mogens Hammer, Henning Moldenhawer and Hubert Paulsen

Brøndby Strand, housing estate, Brøndby Strand
Built: 1969-70. Arkitekten 1971/20
Architects: Svend Høgsbro's Bureau and Th. Dreyer.

Eremitageparken, housing estate, Lyngby

København og Sjælland

Built: 1971. Arkitekten 1968/13
Architect: Juul Møller - Erik Korshagen Assoc.

Ishøjplanen, housing estate, Ishøj
Built: 1970-72. Arkitektur 1976/1
Architects: Kooperativ Byggeindustri A/S

Gassehaven, housing estate with terracehouses, Gassehaven, Holte
Built: 1972. Arkitektur 1973/1
Architects: Palle Suenson Assoc.

Kollektivet Sættedammen, communal housing estate, Hulvej, Hammersholt.
Built: 1971-73. Arkitektur 1974/6.
Architect: Theo Bjerg og Palle Dyreborg.

Kollektivbebyggelsen, Skråplanet, communal housing estate, Bringevej, Jonstrup, Ballerup.
Built: 1973. Arkitektur 1978/4.
Architect: Jan Gudmand Høyer

Flexibo, housing development, Følfodvej, Amager.
Built: 1975-76. Arkitektur 1979/6.
Architects: Fællestegnestuen.

Øster Fælledgård, housing development, Vordingborggade, København Ø.
Built: 1974-75. Arkitektur 1980/1.
Architects: A/S Dominias Arkitektafd.

60. Tinggården, housing development.

61. Bolig- og institutionsbyggeri ved Solbjerg Have, Frederiksberg, housing scheme and institutions

Torpgården, housing development, Tessebøllevej, Herfølge.
Built: 1978-79. Arkitektur 1980/7.
Architects: Arkitektgruppen i Århus Aps.

Sjølund, housing development, Sjølundsvej, Hellebæk.
Built: 1978, Arkitektur 1979/6.
Architects: Bente and Boje Lundgaard.

Hedelyngen, housing estate, Tårnvænget, Højsletten, Herlev
Built: 1981. Arkitektur 1982/6
Architects: Tegnestuen Vandkunsten

Students' hostels
Nybrogård Kollegiet, students' hostel, Nybrovej 350, Lyngby
Built: 1969-72
Architects: Eva and Nils Koppel, Mogens Kjær Andersen

Viggo Jarls Kollegium, student housing, Bredevej 129, Virum.
Built: 1975. Arkitektur 1976/6.
Architect: Jørgen Hersaa.

Restoration and urban renewal
Murergade, byfornyelse. Urban renewal, Murergade, København.
Built: 1974-78. Arkitektur 1978/6.
Architect: Niels J. Holm.

Ny Vestergade 13, restoration, København.
Built: 1792-93. Restoration: 1975-78. Arkitektur 1979/4.
Architects: Preben Hansens tegnestue.

Garvergården, housing and institutions, urban renewal. Saxogade, Vesterbro, København.
Built: 1976-77. Arkitektur 1978/6.
Architects: Hauge & Kornerup Bang v/Gunnar Sørensen and Carsten Juel-Christiansen.

28. Vor Frue Kirke, restaurering, restoration of a church.

62. Byfornyelse - Rigensgadekvarteret, urban renewal

Seværdige bygninger – Fyn

Commercial buildings
Rosengårdcentret, shopping centre, Munkerisvej/Ørbækvej, Odense.
Built: 1969-71. Arkitektur 1971/5
Architects Jørgen Stærmose Assoc.

Office buildings
Administrationsbygning for A/S Haustrups Fabrikker, office building, Næsbyvej 20, Odense
Built: 1967-68. Arkitektur 1969/4
Architects: Poul Kjærgaard and Assoc.

Factories
Fabrikken Lampas, factory, Industrivej 17, Ringe.
Built: 1978. Arkitektur 1981/1.
Architects: Friis & Moltke.

Hospitals and social welfare buildings
Odense Amts og Bys Sygehus, hospital, Sdr. Boulevard 29, Odense
Built: 1957-67
Architects: Jørgen Stærmose and Kay Boeck-Hansen

Ecclesiastical architecture
Munkebjerg Kirke og præstebolig lutheran church and vicarage, Østerbæksvej 85, Odense
Built: 1961-62
Architects: Knud, Erik and Ebbe Lehn Petersen

Buildings for education, science, art etc.
1. Fåborg Museum, museum of art.

9. Nyborg Bibliotek, library

Skårup Statsseminariums øvelsesskole, training school for a teachers' college, Skårup
Built: 1966-68. Arkitektur 1970/2
Architects: Knud, Erik and Ebbe Lehn Petersen

Mulernes Legatskoles gymnasium, gram-

Notable buildings – Funen

mar-school, Vollsmose, Odense
Built: 1967-68. Arkitektur 1969/4
Architects: Jørgen Stærmose and Assoc.

Odense Seminarium og Provstegårdsskolen, teachers' training college and primary school, Middelfartvej 180, Odense
Built: 1964-69. Published: Arkitektur 1970/3
Architects: Didriksen, Harild and Sand Kirk

15. Odense Universitet, university

Svendborg Handelsskole, school of business, Skovsbovej 43, Svendborg.
Built: 1975-79. Arkitektur 1980/3.
Architects: Lars Mindedal.

Housing
Gerthasminde, housing, Vandværksvej/Kirkegårds Allé, Odense.
Built: 1912-17. Architekten 1916-17, p. 433.
Architect: Anthon Rosen

Vollsmose, blocks of flats, Vollsmose, Odense
Built: Under construction (1966-)
Architects: Jørgen Stærmose, Hans Jørgen Jensen, Oluf Rasmussen, Herman Ricka.

27. H. C. Andersens Kvarter og Museum, restoration of housing and museum

Seværdige bygninger – Århus

Public buildings
9. Århus Rådhus, town hall

Commercial buildings
Gellerup Centret, shoppingcentre, Gudrunsvej 7, Brabrand, Århus.
Built: 1971/72. Arkitektur 1974/8.
Architect: Knud Blach Petersen's Arkitektfirma A/S

Århus Renholdningsselskab, sanitation company, Bautavej 1 A, Århus.
Built: 1979-80. Arkitektur 1981/7.
Architects: C. F. Møllers Tegnestue.

Hotels and restaurants
Hotel Tre Ege, hotel and restaurant, Brabrand
Built: 1962-63. Arkitektur 1963/6
Architects: Friis & Moltke.

Hotel Marselis, Strandvejen 25, Århus
Built: 1967. Arkitektur 1968/2
Architects: Knud Friis and Elmar Moltke Nielsen and Thyge Klemann

Ecclesiastical architecture
Møllevangskirken, lutheran church, Fuglebakkevej, Århus
Built: 1958. Arkitektur 1960/3
Architect: C. F. Møller

Kapelkrematorium, chapel crematorium, Vestre Kirkegård, Viborgvej, Århus
Built: 1967. Arkitektur 1972/5
Architect: Henning Larsen

Ravnsbjergkirken, church, Grøfthøjparken 1, Viby J.
Built: 1975-76. Arkitektur 1977/3.
Architects: C. F. Møllers Tegnestue I/S.

Buildings for education, science, art etc.
7. Århus Universitet, university

Statsgymnasiet, grammer school, Fenrisvej, Århus

Notable buildings – Århus

Built: 1956-58. Arkitektur 1959/5.
Architects: Arne Gravers and Johan Richter

20. Vejlby-Risskov Amtsgymnasium, grammar school

Scanticon, Scandinavian Training and Conference Center, Moesgårdvej, Skåde Bakker, Højbjerg
Built: 1967-69. Arkitektur 1970/5
Architects: Knud Friis and Elmar Moltke Nielsen

23. Journalisthøjskolen, college for journalists.

24. Moesgaard, Forhistorisk Museum.
30. Radio/TV-hus i Århus.
41. Musikhuset i Århus, Music Centre.

Århus Renholdningsselskab, sanitation company, Bautavej 1A, Århus
Built: 1979-80. Arkitektur 1981/7
Architects: C. F. Møllers Tegnestue

Housing
57. Gjellerupplanen, housing development.

Students' hostels
Egmont Studentergård, hall of residence for students, Tranekærvej 55, Århus
Built: 1965. Arkitektur 1966/2
Architects: C. F. Møller and associates

Børglum Kollegiet, hall of residence for students, Børglumvej 2, Risskov
Built: 1967. Arkitektur 1969/2
Architects: H. Salling-Mortensen and Paul Niepoort

Skjoldhøjkollegiet, hall of residence for students, Spobjergvej, Brabrand
Buklt: 1970-73. Arkitektur 1973/2
Architects: Friis and Moltke, K. Blach Petersen and Mogens Harbo.

Seværdige bygninger – Ålborg

Commercial buildings
Carl Christensen, factory, Riihimäkivej, Ålborg
Built: 1957. Arkitektur 1958/2
Architect: Arne Jacobsen

Hospital and social welfare buildings
Ålborg Geriatriske Afdeling, Center of revalidation. Havrevangen, Ålborg
Built: 1968
Architect: Henning Schultz

Amtssygehuset, hospital, Hobrovej, Ålborg
Built: 1961
Architects: E. Glahn, N. J. Dam, and Kjeld Dirckinck-Holmfeld

Buildings for public entertainment and recreation
Ålborg Stadion, stadium, Harald Jensens Vej 7, Ålborg.
Built: 1963. Arkitektur 1964/1
Architects: Torben Stokholm and Chr. Pedersen

Haraldslund Svømmehal, swimming baths, Kastetvej, Ålborg
Built: 1969. Arkitektur 1970/2
Architect: Jacob Blegvad

Ecclesiastical architecture
Kapelkrematorium, chapel crematorium, Østre Kirkegård, Filstedvej, Ålborg
Built: 1967-69. Arkitektur 1972/5
Architect: Logan Nørgaard

Gug Kirke, church, Byplanvej, Gug, Ålborg
Built: 1974. Arkitektur 1975/4.
Architects: Inger og Johannes Exner.

Notable buildings – Ålborg

Buildings for education, science, art etc.
Ålborg Seminarium, teachers' training school, Mylius Erichsensvej 131, Ålborg
Built: 1964-65. Arkitektur 1965/6
Architects: Nils Andersen and Salli Besiakov

16. Nordjyllands Kunstmuseum, museum of art.

Hasseris Gymnasium, grammar school, Hasserisvej 300, Ålborg
Built: 1971-72. Arkitektur 1973/4
Architects: Jacob Blegvad and Henning Jørgensen

32. Ålborg Universitetscenter, AUC, university centre.

35. Ålborg Medborgerhus og bibliotek, common house and library.

Seværdige bygninger – Jylland

Public buildings
Fredericia Rådhus, town hall, Fredericia
Built: 1964. Arkitektur 1965/4
Architects: Halldor Gunnløgsson and
Jørn Nielsen

Skagen Rådhus, town hall, Sct. Laurentiivej, Skagen
Built: 1966-68. Arkitektur 1969/6
Architect: Ejnar Borg

Esbjerg Rådhus, town hall, Torvegade 74, Rolfsgade 90, Esbjerg
Built: 1967-70. Arkitektur 1973/2
Architect: Jens Sottrup-Jensen

Skjern Rådhus, town hall, Skjern
Built: 1970. Arkitektur 1973/2
Architects: Ib and Jørgen Rasmussen

Hirtshals Rådhus, town hall, Jørgen Fibigers Gade, Hirtshals
Built: 1971-72
Architects: N. J. Dam & K. Dirckinck-Holmfeld

21. Odder Rådhus, town hall

Frederikshavns Rådhus, town hall, Rådhusallé, Frederikshavn.
Built: 1975-78. Arkitektur 1980/5.
Architects: Esbern Madsen og Jørgen Andersen i samarb. med Leopold Teschl.

Grenå Rådhus, town hall, Torvet 3, Grenå
Built: 1979-80. Arkitektur 1981/5.
Architect: Sunday Sytmen.

Hammel Rådhus, town hall, Torvet, Hammel.
Built: 1978-79. Arkitektur 1981/7.
Architects: C. F. Møllers Tegnestue I/S.

Office buildings
Det Danske Hedeselskab, the danish heath society, Klostermarken, Viborg.

Built: 1978-80. Arkitektur 1981/5.
Architects: C. F. Møllers Tegnestue

Kvadrat Boligtekstiler, domestic textile buisiness, S. B. Lundbergsvej 10, Ebeltoft.
Built: 1979. Arkitektur 1981/7.
Architects: Poulsen + Therkildsen ApS.

Sødahl Design A/S, factory, Brande.
Built: 1974. Arkitektur 1977/4.
Architects: Friis & Moltke

Banks
Hammerum Herreds Spare- og Lånekasse, savings bank, Hammerum, Herning
Built: 1964. Arkitektur 1965/3
Architects: Poul Kjærgaard and associates

Transport buildings
Esbjerg Lufthavn, airport, Esbjerg
Built: 1970-71. Arkitektur 1973/2
Architect: J. Sottrup-Jensen

Jydsk Telefon-Aktieselskab, telephone company, Gunnar Clausens Vej 28, Viby J.
Built: 1970-79. Arkitektur 1979/5.
Architects: Friis & Moltke.

Buildings for public entertainment and recreation
Ebeltoft Skudehavn, vacation homes at marina, Skudehavnen, Ebeltoft.
Built: 1977-78. Arkitektur 1981/7.
Architects: Poulsen + Therkildsen.

Grenå Idrætscenter, sports centre, Ydesvej 2, Grenå.
Built: 1980-81. Arkitektur 1982/2.
Architects: Knud Holscher and Svend Axelsson, Arkitektfirmaet Krohn & Hartvig Rasmussen.

Ecclesiastical architecture
Hald Ege Kapel og Kirkegård, chapel,

Notable buildings – Jutland

Hald Ege pr. Viborg
Built: 1966-67. Arkitektur 1968/5.
Architects: Inger and Johannes Exner

Sankt Nikolaj Kirke, roman catholic church, Kirkegade/Nygaardsvej, Esbjerg
Built: 1969. Arkitektur 1971/1
Architect: J. O. Spreckelsen

Nørrelandskirken, lutheran church, Døesvej, Holstebro
Built: 1966-70. Arkitektur 1971/1
Architects: Inger and Johannes Exner

17. Sønderbro Kirke, lutheran church

Buildings for education, science, art etc.
Herning Højskole, folk high school. Birk near Herning
Built: 1962. Arkitektur 1963/3
Architects: Viggo Møller-Jensen and Tyge Arnfred

Grenå Gymnasium, grammar school, Grenå
Built: 1963-64. Arkitektur 1965/4
Architects: Arne Gravers and Johan Richter

Sønderborg Handelshøjskole, commercial college, Søndre Landevej, Sønderborg
Built: 1964-68. Arkitektur 1970/6
Architect: Jean-Jacques Baruël

Entreprenørskolen, contractors college, Elsegårdsvej, Ebeltoft
Built: 1967-68. Arkitektur 1968/6
Architects: Knud Friis and Elmar Moltke Nielsen

Fiskeri- og Søfartsmuseet, Museum for Fishery and Shipping, Tarphagevej, Esbjerg
Built: 1966-68. Arkitektur 1968/5
Architects: Halldor Gunnløgsson and Jørn Nielsen

Kulturhuset, cultural centre with central library, historical museum and arts museum, Stemannsgade 2, Randers
Built: 1964-69. Arkitektur 1972/5
Architect: Flemming Lassen

Brandbjerg Højskole, folk high school, Jelling
Built: 1968-70. Arkitektur 1971/5
Architects: Friis and Moltke Assoc.

Bøgehøj, training centre, Øster Allé, Ebeltoft
Built: 1971-72. Arkitektur 1971/5
Architects: Friis & Moltke.

Kvaglundskolen, primary school, Kvaglund, Esbjerg.
Built: 1972-73. Arkitektur 1974/1.
Architects: Arkitektfirmaet Poul Kjærgaard.

22. Skanderborg Amtsgymnasium, grammar school

Viborg Amtsgymnasium, grammar school, Skaldehøjsvej, Viborg.
Built: 1973-74. Arkitektur 1975/3.
Architects: Arkitektfirmaet Friis & Moltke.

Esbjerg Seminarium, seminary, Skolebakken 171, Esbjerg.
Built: 1973. Arkitektur 1975/1.
Architect: Bornebusch, Brüel & Selchau v/Gehrdt Bornebusch.

Uddannelsesområde i Kolding, educational centre, Nørremarkvej, Skovvangen, Kolding.
Built: 1972-75. Arkitektur 1976/5.
Architects: A5 Tegnestuen.

Hobro Nordre Skole, primary school, Banegårdsvej 24, Hobro.
Built: 1975. Arkitektur 1978/4.
Architect: Thyge Thygesen.

Jylland

34. Sønderborg Gymnasium, grammar school

Herning Kunstmuseum, former factory – now museum of art, Uldjydevej, Birk, Herning.
Built: 1965-66. Arkitektur 1969/6
Architects: C. F. Møllers tegnestue
Decoration: Carl Henning Pedersen

Fjerritslev Gymnasium, grammar school, Skovvejen 3, Fjerritslev.
Built: 1980-81. Arkitektur 1982/1.
Architects: Friis & Moltke.

Bjerringbro Gymnasium, grammar school, Brobakken 2, Bjerringbro.
Built: 1980-81. Arkitektur 1982/1.
Architects: Friis & Moltke.

39. Holstebro Kunstmuseum, museum of art

36. Bibliotek i Holstebro, library

Ribe Katedralskole, cathedral school, renovation and extension, Puggårdsgade, Ribe.
Built: 1856. Extension: 1979-80. Arkitektur 1982/1.
Architects: Kjær & Richter.

Carl-Henning Pedersen og Else Ahlfeldts Museum, museum for the painters Carl-Henning Pedersen and Else Ahlfeldt, Uldjydevej, Birk, Herning.
Built: 1975-76. Arkitektur 1977/3.
Architects: C. F. Møllers Tegnestue.
Landscaping architect: C. Th. Sørensen.

25. Sønderborg Slot, restaurering, museumsindretning, restoration and museum.

26. Restaurering af Koldinghus, restoration and museum.

Jutland

Housing
Gullestrup, housing estate, Gullestrup, Herning
Built: 1971-76, Arkitekten 1972/21.
General plan: Peter Bredsdorff's Bureau A/S. Traffic: Anders Byvig A/S. Open Spaces: Sven-Ingvar Andersson
Architects: A/S Jysk Arkitektkontor

Boligbebyggelsen Beringsvænget, housing estate, Langemarksvej, Horsens.
Built: 1973. Arkitektur 1975/1.
Architects: Bornebusch, Brüel & Selchau v/Gehrdt Bornebusch.

Gjesing Nord, housing development, Thulevej, Gjesing Nord, Esbjerg.
Built: 1978-79. Arkitektur 1981/3-4.
Architects: Arkitektgruppen i Aarhus ApS.

Guide oversigt

A
Albertslund Syd .... p. 106
Atelierhusene i Utterslev .... p. 99

B
Bagsværd Kirke .... p. 75
Bakkehusene ved Bellahøj ...... p. 92
Bellahøj, København .... p. 101
Bella Vista, Klampenborg .... p. 94
Birkerød Rådhus og Bibliotek ... p. 84
Bispeparken, København .... p. 98
Blidah Park, Hellerup .... p. 96

D
Danmarks Nationalbank,
København .... p. 64
Dragør, bybevaring .... p. 122

F
Farum Midtpunkt .... p. 108
Frederiksværk Amtsgymnasium . p. 87
Fåborg Museum .... p. 38

G
Gadekæret, Ishøj .... p. 111
Galgebakken, Albertslund ...... p. 110
Gellerupplanen, Århus .... p. 109
Grundtvigskirken, På Bjerget ... p. 40

H
H. C. Andersens Kvarter, Odense p. 72
Helsingør, bybevaring .... p. 118
Holstebro Bibliotek .... p. 83
Holstebro Kunstmuseum .... p. 86
Hornbækhus, København .... p. 93
Hyldespjældet, Albertslund ..... p. 110
Høje Gladsaxe .... p. 104
Høje Tåstrup Amtsgymnasium .. p. 90

J
Journalisthøjskolen, Århus ..... p. 68

K
Kalundborghallen .... p. 77
Kildeskovhallen, Gentofte ...... p. 57
Kingohusene, Helsingør .... p. 103
Koldinghus, restaurering .... p. 71
Københavns Amtssygehus,
Herlev .... p. 62
Kødbyen, København .... p. 45
Køge Rådhus .... p. 80

Guide index

L
LO-skolen, Helsingør .... p. 56
Louisiana, Humlebæk .... p. 54

M
Moesgaard, museum, Århus ..... p. 69
Musikhuset i Århus .... p. 88

N
Nordjyllands Kunstmuseum,
Ålborg .... p. 60
Nyborg Bibliotek .... p. 50

O
Odder Rådhus .... p. 66
Odense Universitet .... p. 58

P
Politigården i København .... p. 42

R
Radiohuset, København .... p. 46
Radio/TV Hus i Århus .... p. 76
Ribe, bybevaring .... p. 120
Rigensgadekvarteret, København p. 116
Rødovre Bibliotek .... p. 53
Rødovre Rådhus .... p. 52

S
Skanderborg Amtsgymnasium ... p. 67
Solbjerg Have, Frederiksberg ... p. 114
Stenvadskolen, Farum .... p. 85
Svaneke, bybevaring .... p. 124
Søholm, Klampenborg .... p. 102
Sønderborg Gymnasium .... p. 81
Sønderborg Slot .... p. 70
Sønderbro Kirke, Horsens ...... p. 61
Søndergaard Park, Bagsværd .... p. 100

T
Tinggården, Herfølge .... p. 112

V
Vejlby-Risskov Amtsgymnasium. p. 65
Vestersøhus, København .... p. 97
Vor Frue Kirke, København ..... p. 74

Ø
Øregård Gymnasium, Gentofte .. p. 44

Å
Ålborg Medborgerhus, bibliotek . p. 82
Ålborg Universitetscenter, AUC . p. 78
Århus Rådhus .... p. 51
Århus Universitet .... p. 48

Guide til Moderne Dansk Arkitektur er udgivet af
Arkitektens Forlag og Arkiték, © København 1982.
2. oplag 1983.
Redaktion og tilrettelægning: Kim Dirckinck-Holmfeld

Forfattere: Lisbet Balslev Jørgensen, Poul Erik Skriver
og Kim Dirckinck-Holmfeld

Sekretær: Henny Pedersen

Oversættelse: Barbara Bluestone

Sats: City Foto Sats ApS. Reproduktion og montage: F.
Hendriksens Eftf. Tryk og indbinding: Poul Kristensen,
grafisk virksomhed, Herning.

Bogen er udgivet med støtte fra Nationalbankens Jubilæumsfond, Tuborgfondet, Danske Arkitekters Landsforbund samt Fhv. hotelejer Adolf Andersens Legat.

ISBN: 87-7407-059-2

Fotografer:
Kunstakademiets Bibliotek: s. 4,5,11,12,13,15,38,40, 41,43,44,93. Lisbet Balslev Jørgensen: s. 10,39,44. Erik Hansen: s. 18. Skriver: s. 19,29,31,42,62,84,92,94,96, 97, 100,105. Strüwing: s. 21,47,52,57,64,101,102,106, 107. Finn Rosted: s. 28. Thomas og Poul Pedersen: s. 30,65,68,69,76,77,82,87,88,89,109. Åse Rosing: s. 34. Arkitektens Forlag: s. 45,46. Maarbjerg: s. 50. Hammerschmidt: s. 51. Arne Jacobsen: s. 53. Jesper Høm: s. 55. Keld Helmer Petersen: s. 56,70,75,103,114. S. E. Andersen: s. 58,59. J. J. Baruël: s. 60. Paul Nieport: s. 61. Selchaus Tegnestue: s. 63. Poul Ib Henriksen: s. 67. Ernst Kallesøe: s. 71. Lone Mengel: s. 73. Antonio Wohlert: s. 74. Bjarne Lippert: s. 35,80. A5 Tegnestuen: s. 81. Nich: s. 83. Schoubo-foto: s. 86. Jens Frederiksen: s. 90,91. Else Tholstrup: s. 103 n. Henning Camre: s. 104. Morten Find: s. 108. Skaarup & Jespersen: s. 36,110. Foto C.: s. 112. Kim Dirckinck-Holmfeld: s. 116. Robert Egevang: s. 123, 125.

144